영어책
읽듣기_의
기적

초등영어에서 수능영어까지,
ReaStening에 답이 있다

영어책
읽듣기_의
기적

노경희 지음

NE 능률

AI 시대의 슬기로운 영어 교육법

많은 부모들이 자녀의 영어 교육에 아낌없이 투자합니다. 미래에 아이가 꿈을 펼칠 때 영어가 장애물이 아닌 성공의 발판이 되도록 돕기 위해서입니다. 그러나 자녀의 영어 교육을 성공적으로 이끄는 데는 부모의 열성과 노력만으로는 충분하지 않습니다. 무작정 열심히 걷기보다는 올바른 방향으로 걸어야 원하는 목적지에 도달할 수 있듯이, 자녀를 위해 노력한 결과가 헛되지 않으려면 부모도 영어 교육에 대한 장기적 안목을 갖춰야 합니다.

이 책은 오랜 기간 동안 어린이 언어 습득과 영어 교육을 연구한 학자로서 쌓아온 학문적 지식, 영어를 성공적으로 배우고 대학에 입학한 수많은 학생들을 면담하면서 얻은 실증적 지식, 그리고 두 아이를 대학에 보낸 학부모로서의 실제 경험을 바탕으로, 영어를 외국어로 배우는 우리 환경에서 자녀의 영어교육을 슬기롭게 이끌어 나갈 수 있는 최선의 방법을 제시하고자 합니다.

부모가 어떻게 안내하느냐에 따라 성패가 달라진다

영어 교육을 위한 학부모 프로그램에서 상담하다 보면 영어 교육 전공자로서 선뜻 이해하기 어려운 이야기를 들을 때가 있습니다. 예를 들어 초등학교 저학년 아이가 1년째 학원에서 파닉스를 배우고 있다거나, 영어 문제집이나 문법서 또는 미국 교과서로 영어를 배우고 있다는 말입니다. 그때마다 저의 육아 경험이 떠올라 안타까운 마음이 들곤 했습니다.

큰아이가 네 살 때 일입니다. 수영에 대해 아무런 지식이 없던 저는 지인이 소개한 유아 수영 프로그램에 가벼운 마음으로 등록했습니다. 나중에 알게 된 사실이지만, 그 프로그램에서는 아이를 깊은 물속에 던져 넣으면 수영을 금방 배운다는 잠수식 방법을 적용하고 있었습니다.

수영 강습 첫날에 생존을 위해 물속에서 허우적거리다 공포에 질려 바르르 떨던 아이의 표정이 지금도 생생하게 떠올라 가슴이 메어 옵니다. 그날의 기억이 저에게는 도저히 지울 수 없는 심한 자책감으로 남아 있습니다. 수영도 아이의 성향에 따라 효과적인 방법이 다를 텐데, 아무 것도 몰랐던 무지한 엄마 때문에 아이는 성인이 된 지금도 물에 대한 공포심을 가지고 있습니다.

부모의 잘못된 판단으로 아이의 유년 시절 경험과 삶의 방향이 달라지듯이, 영어 교육도 부모가 어떤 안목을 가지고 어떻게 안내하느냐에 따라 성패가 달라집니다. 영어 교육에 대한 부모의 이해도에 따라 아이가 영어를 좀 더 쉽고 즐겁게 배울 수도 있고, 반대로 어렵고 힘들게 배울 수도 있습니다.

만약 부모가 영어 교육의 큰 그림을 설계하지 않고 당장 눈앞에 보이는 단기적 성과에 연연한다면 10년이 지나도 제대로 된 영어 실력을 키우기 어렵습니다. 자녀의 영어 교육에서 시행착오를 범하지 않으려면 부모도 영어 교육의 기초 원리를 이해하고, 이를 바탕으로 거시적 관점에서 안내해야 합니다.

생활 영어 중심의 영어 교육 시대는 지났다

인공지능(AI)의 발달로 실시간 통번역기가 빠르게 발전하고 있습니다. 앞으로는 인공지능이 더욱 발전해서 웬만한 생활 영어는 통번역기로 해결될 것입니다. 계산기가 없던 시절에 특별한 능력이던 암산이나 계산 능력이 이제는 큰 의미가 없는 것처럼, 인공지능 통번역기 시대에 원어민과 같은 발음으로 생활 영어를 구사하는 것은 더는 특별한 능력이 아닐 겁니다. 생활 영어를 배우는 데 군이 큰 노력과 비용을 투자할 필요가 없는 이유입니다.

앞으로는 통번역기가 대신하지 못하는 영어 능력, 즉 협상과 공감을 끌어낼 수 있는 수준의 영어 능력을 목표로 자녀의 영어 교육을 새롭게 설계해야 합니다. 또한 지식 정보의 보고인 구글과 유튜브, 글로벌 온라인 교육 플랫폼 등을 활용해 지식 정보 역량을 키우고 자신의 꿈을 실현하는 데 필요한 콘텐츠 영어 능력을 키워야 합니다. '콘텐츠 영어 능력'이란 지식 정보와 같은 내용(content) 학습, 즉 공부하는 데 필요한 영어 능력을 말합니다.

콘텐츠 영어 능력을 키우는 최고의 방법은 영어책 읽기다

콘텐츠 영어 능력의 핵심은 어휘력과 이해력입니다. 어휘력과 이해력을 높이는 가장 좋은 방법은 영어책 읽기입니다. 일상 대화나 TV 드라마와 같은 회화체 영어에서는 접할 수 없는 풍부한 어휘를 영어책에서 배울 수 있고, 이야기의 내용을 파악하는 과정에서 이해력도 키우게 됩니다. 그뿐만 아니라 영어 이야기책을 읽으면 문법을 따로 배우지 않아도 영어의 패턴을 익히게 되고, 단어의 뜻과 쓰임새도 무의식적으로 알게 됩니다. 즉 영어책으로 영어를 배우면 콘텐츠 영어 능력뿐만 아니라 영어 실력 자체를 탄탄하게 키울 수 있습니다.

'영어책 ReaStening'은 올인원 학습법이다

최근에 영어가 어렵다는 초등학교 6학년 학생을 면담하면서 그 이유를 물어보았습니다. 다른 과목과는 달리 회화, 파닉스, 문법, 어휘, 독해 등 배워야 할 것들이 너무 많아서라고 하더군요. 이렇게 영어를 분리해서 배울 때 가장 큰 문제는 애써 배운 내용이 서로 연결되지 않는다는 겁니다. 10년 이상 열심히 공부해도 영어의 패턴을 파악하지 못하면 결과적으로 영어 실력은 늘지 않습니다.

이 책에서 소개하는 '영어책 ReaStening(뤼스닝)'은 영어를 통합적으로 배우는 학습법입니다. ReaStening(Reading+Listening)이란 눈으로는 영어책을 읽고 동시에 귀로는 오디오 음원을 듣는 책읽기 방법입니다. 아이들은 영어책을 ReaStening 하는 과정에서 발음, 어휘, 문법, 어법, 문화, 파닉스를 모두 함께 자연스럽게 익힙니다. 또한 영어책의 내용을 말로 표현하고 글로 써봄으로써 영어 말하기와 쓰기도 자연스럽게 배울 수 있습니다.

이 방법은 초기에는 학습 속도가 다소 느린 것 같지만, 일단 영어의 패턴을 익히고 나면 실력이 쑥쑥 올라가므로 장기적으로 훨씬 더 효과적입니다.

아이 영어 교육, 성공담 이상이 필요하다

시중에 자녀 영어 교육에 대한 수많은 안내서가 출판돼 있지만, 대부분 개인의 성공담에 초점이 맞춰져 있습니다. 하지만 큰아이에게 성공한 방법을 둘째에게 똑같이 적용해도 효과가 다른데, 하물며 다른 집 아이의 성공 스토리를 우리 아이에게 그대로 적용하는 것이 얼마나 효과가 있을까요?

자녀의 영어 교육을 성공적으로 이끌려면 '어떻게'도 필요하지만, 특정 방법이 '왜' 효과적인지에 대해 먼저 이해해야 합니다. 영어 학습의 기본 원리를 알아야 아이의 상황이나 특성에 맞게 응용하고 적용할 수 있기 때문입니다. 이러한 관점에서 '왜'에 해당하는 영어 교육의 기본 원리와 '어떻게'에 해당하는 실제 적용 방법을 이 책에 모두 담았습니다.

이 책의 내용 소개

이 책은 총 5부로 구성되어 있습니다. 1부에서 3부까지는 '왜'에 해당하는 영어 교육의 기본 원리를 살펴보고, 4부와 5부에서는 '어떻게'에 해당하는 실제적인 방법론을 제시합니다. 각 부의 구체적인 내용은 다음과 같습니다.

1부 〈아이 영어 교육에 대한 궁금증 총정리〉에서는 영어 교육에 관해 학부모들이 가장 궁금해하는 질문 열 개를 뽑아서 문답식으로 설명합니다.

2부 〈AI 시대 영어 교육 패러다임의 전환: 생활 영어를 넘어서 콘텐츠 영어로〉에서는 말하기 중심의 어린이 영어 교육의 문제점이 무엇인지, 통번역기가 사용되는 인공지능 시대에 중점적으로 키워야 할 영어 능력은 무엇인지, 글로벌 온라인 시대에 영어 교육의 우선순위는 무엇인지, 그리고 영어 공부에 한국어 독해 능력이 왜 중요한지에 대해 그 이유를 알아봅니다.

3부 〈영어 실력의 원천은 읽기 능력〉은 비영어권 나라에서 읽기 중심의 영어 교육이 왜 효과적인지, 영어책 읽기가 왜 최고의 영어 교육법인지, 파닉스는 어떻게 지도해야 하는지, 그리고 영어를 성공적으로 배우는 데 필요한 영어 학습 전략 다섯 가지를 살펴봅니다.

4부 〈영어책 ReaStening으로 영어 실력이 쑥쑥〉에서는 '영어책 ReaStening 학습법'의 장점과 로드맵을 소개하고, 이 학습법을 영어책 단계별(그림책, 챕터북, 소설책·비문학)로 어떻게 적용하여 영어 실력을 쑥쑥 키울 수 있는지 그 구체적인 방법을 안내합니다.

5부 〈영어책 ReaStening으로 말하기, 쓰기 그리고 시험 영어까지〉는 영어책 ReaStening 학습법으로 영어 말하기 능력과 글쓰기 능력을 키우는 구체적인 방법을 살펴봅니다. 또 ReaStening 학습법이 우리나라 교육체계에서 피할 수 없는 수능 영어 시험이나 취업에 필요한 영어 시험에 어떤 해법을 제공하는지 살펴봅니다.

어린이의 인지 발달 특성을 고려할 때 초등학교 시기는 글로벌 시대의 핵심 자산인 영어 실력을 키울 수 있는 최적의 시기입니다. 이렇게 중요한 초등학교 시기를 어떻게 계획하고 설계하느냐에 따라 아이의 미래가 달라질 수 있습니다. 초등학교 때 키워놓은 탄탄한 영어 기초 실력은 이후의 학교 교육뿐만 아니라 아이만의 독창적인 콘텐츠를 키워 꿈을 실현하는 데 초석이 될 것입니다. 이 책이 자녀의 영어 교육을 설계하는 부모들에게 좋은 길라잡이가 되기를 희망합니다.

노경희 드림

목차

프롤로그: AI 시대의 슬기로운 영어 교육법 • 4

1부

아이 영어 교육에 대한 궁금증 총정리

Q1. 유아 영어 사교육, 꼭 해야 할까요? • 20

Q2. 파닉스, 꼭 배워야 하나요? • 22

Q3. 초등학생에게 영문법을 가르쳐야 하나요? • 24

Q4. 미국 교과서로 배우는 영어, 일석이조일까요? • 26

Q5. 영어 발음에 자신이 없는데 영어책을 읽어줘도 될까요? • 28

Q6. 아이가 영어책은 잘 읽는데, 단어 뜻은 잘 모릅니다. 이대로
     괜찮을까요? • 30

Q7. 영어책 읽기를 초등학교 고학년에 시작해도 되나요? • 32

Q8. 영어 실력은 어휘력이라고 하는데, 효과적인 어휘 공부법이
     따로 있나요? • 34

Q9. 영어를 잘하려면 한글책을 많이 읽어야 한다는데, 그 이유는
     무엇인가요? • 37

Q10. 인공지능이 번역해 주는 시대, 영어를 꼭 배워야 하나요? • 40

2부 AI 시대 영어 교육 패러다임의 전환:
생활 영어를 넘어서 콘텐츠 영어로

1장 말하기 중심 영어 교육은 고비용 저효율

음성언어는 휘발성이 문제다 · 47
생활 영어로는 영어 실력이 늘지 않는다 · 51
영어 교육에서 꼭 '듣기 먼저' 해야 할까? · 55
조기 영어 교육의 문제점 · 60

2장 콘텐츠 영어 능력은 미래 교육의 핵심 자산

두 종류의 영어능력: 생활 영어와 콘텐츠 영어 · 67
글로벌 온라인 교육의 열쇠는 콘텐츠 영어 능력 · 71
초등영어 우등생이 용두사미로 끝나지 않으려면 · 74

3장 콘텐츠 영어 능력의 뿌리는 한국어 능력

영어를 잘하는 데 한국어 능력이 중요한 이유 · 77
영어 독해력의 바탕은 한국어 독해력이다 · 80
한국어책 읽기, 다독할까, 정독할까? · 82
독해력의 진짜 문제는 스키마에 있다 · 84

3부 영어 실력의 원천은 읽기 능력

1장 영어책 읽기는 최고의 영어 교육법

과거 읽기 중심의 영어 교육이 실패한 이유 · 91

영어책 읽기의 힘 · 94

영어책 읽기, 다독할까, 정독할까? · 99

2장 영어 이야기책의 마법

이야기는 두뇌를 활성화시킨다 · 103

이야기는 기억을 남긴다 · 105

문법이 스스로 자라난다 · 108

3장 파닉스는 기초만 알면 충분하다

파닉스 지도, 무엇이 문제인가? · 111

통단어 읽기가 먼저다 · 115

파닉스는 이 정도만 알면 된다 · 120

라임을 활용한 단어 읽기 · 125

4장 영어 성공 전략 다섯 가지

전략 1. 전체에서 부분으로 배워라 · 129

전략 2. 믿기 게임을 하라 · 133

전략 3. 영어로 생각하라 · 136

전략 4. 추측 게임을 하라 · 142

전략 5. 영어는 운동처럼 배워라 · 145

4부 영어책 ReaStening으로 영어 실력이 쑥쑥

1장 영어책 ReaStening 학습법

영어책 ReaStening 학습법이란 무엇인가? · 151

영어책 ReaStening 학습법의 로드맵 · 156

단계별 핵심 정리 · 161

2장 영어 그림책으로 시작하기

그림책 읽기 전 준비 단계 · 165

그림책 읽기 가이드 · 169

패턴북으로 영어 패턴 익히기 · 181

그림책 ReaStening 진행 방법 · 187

그림책으로 영어를 스스로 터득한다 · 195

우리 아이에게 맞는 그림책 고르기 · 201

3장 챕터북으로 영어 기초 완성하기

챕터북으로 영어의 기초가 완성된다? · 209

챕터북 읽기 가이드 · 213

챕터북 ReaStening 진행 방법 · 217

4장 소설과 비문학으로 콘텐츠 영어 능력 키우기

어린이 소설책 읽기 · 221

비문학 읽기 · 227

효과적인 어휘 학습법 · 229

5부

영어책 ReaStening으로 말하기, 쓰기 그리고 시험 영어까지

1장 ReaStening 영어 말하기

'ReaStening 영어 말하기'란 무엇인가? · 237
소리 내어 읽기로 시작한다 · 241
그림책의 그림을 내레이션하라 · 244
이야기를 스토리텔링하라 · 248
ReaStening 영어 말하기, 왜 최선의 방법인가? · 252

2장 ReaStening 영어 글쓰기

영어 쓰기 연습 방법 · 257
영어 글쓰기에 관한 Q&A · 262

3장 ReaStening 학습법과 시험 영어는 찰떡궁합

수능 영어 시험 · 268
공인 영어 시험 · 272
시험 영어의 해법은 ReaStening이다 · 275

에필로그: 초등 영어와 수능 영어 사이에서 · 278
참고 자료 · 282
부록: 단계별 영어책 추천 200선 · 284

1부

·

아이 영어 교육에 대한
궁금증 총정리

·

Q1. 유아 영어 사교육, 꼭 해야 할까요?

> 5세 아이를 둔 엄마입니다. 주변 지인들 말로는, 나이가 어릴수록 영어에 대한 거부감이 없고 흡수력이 좋아서 영어 교육을 가급적 빨리 시작해야 한다고 합니다. 요즘 영어 유치원이나 영어 학원에 다니는 아이의 친구들을 볼 때면 내 아이만 뒤처지는 건 아닌가 걱정됩니다. 한편으론 조기 영어 교육의 부작용이 크다고 하더라고요. 어느 선배 학부모는 아이를 4세부터 영어 학원에 보냈는데 초등학교에 입학한 뒤로 오히려 영어를 싫어한다고 합니다. 유아기의 영어 사교육, 꼭 필요할까요?

나이가 어릴수록 영어에 대한 거부감이 없고 흡수력이 좋은 것은 사실입니다. 그러나 거부감이 없는 대신 영어 교육에 투자해야 할 비용과 시간이 훨씬 많이 들고, 흡수력이 좋은 만큼 빨리 잊어버린다는 단점이 있습니다. 조기 영어 교육은 한마디로 '고비용 저효율'입니다. 즉, 투입되는 시간과 비용에 비해 그 효과가 크지 않습니다.

예를 들어 볼까요? 만약 4세부터 영어 공부를 시작한 아이와 8세부터 공부한 아이가 10세에 비슷한 영어 실력을 보인다면 어떨까요? 군이 4세에 영어 교육을 시작할 이유는 없을 겁니다. 이러한 경우가 드물지 않습니다. 주변에서도 종종 접하는 일이고, 많은 연구에서도 유사한 사례가 보고되고 있습니다. 초등학교 저학년 때는 조기 영어 교육을 받은 아이의 성적이 우수하지만, 학년이 올라갈수록 그 차이가 점점 줄어듭니다.

왜 이런 일이 생길까요? 바로 나이가 어릴수록 인지하고 학습하는 능력의 용량, 즉 생각머리의 크기가 작기 때문입니다. 만약 4세 유아의 생각머리에 10개의 개념이 들어 있다면, 이 아이가 배울 수 있는 최대치의 영단어는 10개에 불과합니다. 반면에 8세 아이는 생각머리 용량이 크기 때문에 노력 여하에 따라 훨씬 많은 영단어를 빠른 속도로 배울 수 있습니다.

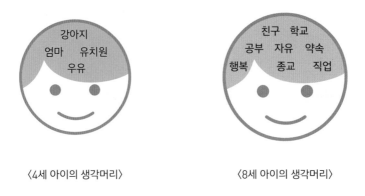

〈4세 아이의 생각머리〉　　　　　　　　〈8세 아이의 생각머리〉

영어 교육에서 가장 우선해야 할 것은 '빨리 배우는 것'이 아니라 '생각머리를 키우는 것'입니다. 생각머리가 자라지 않은 상태에서는 아무리 쉽게 영어를 가르쳐도 흡수할 수 있는 양이 매우 제한적이어서 영어가 잘 늘지 않습니다. 아이의 생각머리 크기를 고려하지 않고 무작정 영어 교육을 너무 일찍 시작하면 오히려 영어에 피로감을 느끼고 흥미와 자신감을 잃게 됩니다. 또 과도한 학습 부담 때문에 아이들이 정신적으로 스트레스까지 받는다면 조기 영어 교육은 오히려 해가 됩니다.

Q2. 파닉스, 꼭 배워야 하나요?

유치원생과 초등학교 2학년 아이를 둔 엄마입니다. 둘째는 이제 영어를 배우기 시작했고, 첫째는 지난 2년 동안 영어책 읽기로 '엄마표 영어'를 했습니다. 그림책을 좋아하고 혼자서도 읽을 수 있는 수준입니다. 그런데 최근에 학원에 갔더니 두 아이 모두 파닉스 과정부터 시작해야 한다고 하더라고요. 파닉스 과정을 끝내려면 최소한 6개월이 걸리고, 처음 보는 단어를 주저 없이 읽을 수 있는 수준까지 되려면 그 이상이 걸린다고 합니다. 문제는 첫째가 영어책 읽기는 좋아하지만, 파닉스 수업은 싫어한다는 점입니다. 둘째도 파닉스 수업이 싫다고 합니다. 그래도 학원의 안내대로 파닉스를 꼭 배워야 할까요?

파닉스(phonics)는 영어가 모국어인 아이들에게 문자 읽기를 가르치는 방법입니다. 즉, 영어로 듣기와 말하기를 완전히 습득한 아이들에게 문자 해독법을 가르치는 것입니다. 영어권 아이들은 문자를 소리 내어 읽기만 하면 그 뜻을 알 수 있어서 파닉스가 필요합니다. 그러나 우리 어린이들에게 파닉스부터 가르치는 것은 바람직하지 않습니다.

우리 아이들에게는 영어 단어를 소리 내어 읽는 것보다 단어의 뜻과 쓰임새를 배우는 것이 더 시급합니다. 무슨 뜻인지도 모르고 단어나 문장을 소리 내어 읽는 것은 앵무새와 다를 바가 없습니다. 소리 내어 읽어도 그 뜻을 알 수 없다면 '영어를 읽었다'라고 말할 수 없습니다. 따라서 영어를 막 배우기 시작한 유치원생 아이에게 파닉스부터 가르치는 것은 바람직하지 않습니다.

그렇다면 초등학교 2학년 아이는 어떨까요? 이미 영어책을 읽을 수 있는 수준이라면 굳이 파닉스를 배울 필요는 없습니다. 질문자의 큰아이처럼 오디오 음원을 들으며 영어책을 읽는 아이들은 철자와 소리의 패턴을 스스로 깨우치는 경우가 많습니다. 사실 이 방법으로 영어 읽기를 배우는 것이 최고의 방법입니다.

파닉스를 배워야 할지 말아야 할지는 아이의 성향이나 영어 수준에 따라 다릅니다. 그러나 어떤 경우에도 파닉스를 심화 과정까지 배우는 것은 시간 낭비이며 바람직하지도 않습니다. 왜 그럴까요? 영어는 철자와 소리 사이의 관계가 너무 복잡하고 예외도 수없이 많기 때문입니다. 예를 들면, the, a, is, was, have, has, of, come, talk, could, what처럼 자주 사용하는 단어들은 파닉스 규칙에 어긋납니다. 그뿐만 아니라 영어 단어의 60퍼센트를 차지하는, 프랑스어나 라틴어에서 유입된 영단어에는 파닉스 규칙이 적용되지 않습니다.

파닉스 규칙을 배운다고 해서 처음 보는 단어를 올바르게 읽을 수 있는 것은 절대 아닙니다. 요컨대, 파닉스 교육은 꼭 필요한 것이 아니며, 너무 자세히 배우면 오히려 아이가 영어에 흥미를 잃고 좌절감을 느낄 수 있습니다.

Q3. 초등학생에게 영문법을 가르쳐야 하나요?

우리 아이는 초등학교 2학년입니다. 학원에서 문법책으로 영어를 배우고 있는데 시간이 지날수록 영어 공부를 멀리하려고 해서 걱정입니다. 영어 교육 안내서를 보면 문법은 영어의 기본이기 때문에 꼭 배워야 한다는데, 아이가 문법을 싫어해도 꼭 가르쳐야 할까요?

영어를 배우는 방법은 크게 두 가지입니다. 하나는 수학을 공부하듯 문법 규칙으로 배우는 '명시적 방법'이고, 다른 하나는 자전거를 배우듯이 영어를 직접 접하며 무의식적으로 터득하는 '암묵적 방법'입니다. 둘 중 어느 방법이 더 효과적인가는 학습자의 나이와 인지적 특성에 따라 다릅니다.

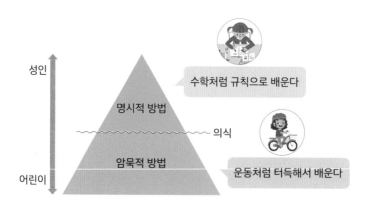

〈영어 학습 방법〉

일반적으로 문법 중심으로 가르치는 명시적 방법은 성인들에게 효과적입니다. 인지-학습 능력이 발달한 성인들은 추상적이고 분석적인 내용을 잘 이해하기 때문이죠. 반면에 어린이들에게는 암묵적 방법이 훨씬 더 효과적입니다. 자전거를 배우듯이 영어를 직접 접하면서 문법을 스스로 터득하도록 하는 겁니다.

암묵적 학습을 잘하는 어린이들에게 영어 학습의 초기부터 문법책으로 영어를 가르치는 것은 바람직하지 않습니다. 마치 코끼리를 한 번도 본 적이 없는 아이에게 코끼리에 관해 설명하는 격입니다. 코끼리를 먼저 본 후에 코끼리에 대해서 배워야 효과적인 것처럼, 영어도 문법보다 노출이 먼저입니다.

초등학교 저학년 시기에는 영어 동영상을 시청하거나 영어 그림책을 통해서 영어에 많이 또 자주 노출하는 것이 중요합니다. 요컨대 문법 중심의 영어 교육은 어린이의 인지적 특성에 맞지 않을 뿐만 아니라, 공부처럼 배우면 자칫 영어에 대한 흥미가 떨어질 수 있습니다.

Q4. 미국 교과서로 배우는 영어, 일석이조일까요?

초등학교 3학년 아이의 엄마입니다. 아이는 학원에서 미국 초등 교과서로 수학, 사회, 과학을 배우고 있습니다. 미국 교과서로 공부하면 영어는 물론이고 창의력도 키울 수 있다고 하더라고요. 그런데 과제도 많고 외워야 할 단어도 많아서 아이가 무척 힘들어합니다. 그 중에는 'mammal(포유류)'처럼 한국어 뜻도 모르는 단어가 많아서 제가 일일이 설명해 줘야 합니다. 이런 어려움을 감수하고라도 미국 교과서로 영어를 배우게 하는 것이 효과적인 방법일까요?

미국 교과서로 영어를 가르치는 것은 일종의 몰입교육(immersion) 방법입니다. 몰입교육의 장점은 영어와 교과목 지식을 동시에 배울 수 있다는 것이죠. 이 방법은 영어권 나라에서 귀국한 아이들이 영어 공부를 계속하거나 미국으로 조기 유학을 가려고 준비할 때 효과적입니다. 그러나 유치원생이나 초등학교 저학년 학생에게 영어를 가르칠 목적으로 미국 초등 교과서를 사용하는 것은 비효율적입니다. 그 이유를 살펴볼까요?

첫째, 영어를 배운다는 것은 문장의 패턴과 단어의 활용법을 배우는 것입니다. 이를 배우려면 영어를 많이 접해서 그 패턴에 익숙해져야 합니다. 즉, 다독(多讀)이 필요합니다. 하지만 지식을 가르칠 목적으로 집필된 교과서는 다독하기에 적절하지 않습니다. 교과서는 정독해서 핵심 내용을 정확하게 이해하는 것이 중요하기 때문입니다. 영어 초보 학습자라면 정독이 필요한 미국 교과서보다는 다독할 수 있는 영어 그림책이 훨씬 더 효과적입니다.

둘째, 초보 학습자라면 기초 어휘부터 배워야 합니다. 그런데 미국 교과서에서 사용하는 단어들은 교과목 지식에 필요한 것으로, 한국의 중·고등학생 시기에 배워야 더 효과적인 상급 수준의 어휘들입니다. 만약 아이가 기초 어휘를 배우지 않은 상태에서 미국 교과서로 영어를 배운다면 순서가 뒤바뀐 겁니다. 이는 마치 덧셈과 뺄셈을 모른 채 곱셈과 나눗셈을 배우는 것과 같습니다.

셋째, 미국 교과서로 영어를 배우는 것은 뉴스로 영어를 배우는 것과 같습니다. 영어를 쉽게 배우려면 뉴스보다는 어린이 동영상 프로그램을 시청하거나 영어 그림책을 읽는 편이 훨씬 더 효과적입니다. 동영상이나 그림책에는 영어를 몰라도 그 뜻을 추측할 단서가 많이 포함돼 있기 때문이죠. 반면에 뉴스는 핵심 내용만 전달하기 때문에 영어를 모른다면 그 내용을 이해할 도리가 없습니다.

영어를 처음 배우는 아이들에게 미국 교과서로 영어를 가르치는 것은 일종의 스파르타식 교육법이라고 할 수 있습니다. 이 방법은 산 정상을 오르는 데 등산로 대신 암벽을 타고 올라가도록 안내하는 것과 같습니다. 아무리 재미있게 집필된 교과서라 해도 공부가 즐거운 아이는 많지 않을 겁니다. 만약 아이가 초보 학습자라면 미국 교과서로 영어도 배우고 교과목 공부도 시키겠다는 욕심은 내려놓는게 어떨까요? 두 마리 토끼를 잡으려다 자칫 영어에 대한 흥미와 동기를 잃게 할 수도 있으니까요.

Q5. 영어 발음에 자신이 없는데 영어책을 읽어 줘도 될까요?

엄마표 영어를 하고 싶은데, 걱정되는 부분이 발음입니다. 좋지 않은 발음으로 영어책을 읽어 주면 아이가 제 발음을 그대로 따라서 배울까 봐 걱정이 됩니다. 영어 발음에 자신이 없는데 영어책을 읽어 줘도 괜찮을까요?

발음이 원어민처럼 좋지 않다고 해서 영어책 읽어 주기를 시작하지 않는다면, 아주 사소한 이유로 정말 중요한 것을 포기하는 셈입니다. 부모가 아이에게 영어책을 직접 읽어 주면 정서적 교감, 독서의 경험, 영어 입력 제공 등 여러 가지 효과를 얻을 수 있습니다. 이를 생각하면 발음의 문제는 아주 미미합니다.

영어는 이미 세계 공용어이고 '원어민 발음'이라는 개념도 점점 모호해지고 있습니다. '이해 가능한 발음'이면 충분하므로 영어 발음 때문에 자신감을 잃을 필요는 없습니다. 그럼에도 발음이 여전히 걱정된다면 때때로 오디오북을 틀어 주면 됩니다. 아이들은 청각이 예민하고 모방 능력이 뛰어나서 원어민 발음을 듣기만 해도 영어 발음을 잘 배웁니다.

간혹 오디오북이나 동영상으로 영어를 배운 아이들이 부모의 발음이 이상하다고 지적하기도 합니다. 이때 많은 부모가 당황하거나 자신감을 잃기도 하죠. 하지만 오히려 아이를 칭찬하는 기회로 삼을 수 있습니다.

"엄마는 잘하지 못하는 발음을 너는 어떻게 그렇게 잘해?"라고 칭찬해 주고, 엄마는 어렸을 때 오디오북을 듣지 못해서 발음이 좋지 않으니 엄마 발음 대신 오디오북 발음을 따라 하라고 일러 줍니다.

영어책을 읽어 주는 목적이 발음을 가르치는 데 있지는 않지만, 발음을 향상시키고 싶다면 '이해 가능한 발음'의 필수 조건인 강세(stress)에 신경을 쓰면 됩니다. 영어는 강세를 틀리면 의사소통에 문제가 생깁니다. 일반 단어는 물론이고 사람 이름도 강세가 중요합니다. 예를 들어 가수 마돈나(Madonna)를 특별한 강세 없이 '머다너'라고 발음하면 외국인들은 누구를 말하는지 전혀 알아듣지 못합니다. 두 번째 음절에 강세를 넣어 '머**다**너'라고 발음해야 알아듣습니다.

반기문 전 유엔 사무총장의 영어 연설을 들어 보면 한국식 억양이 스며들어 있습니다. 그러나 세계인과 소통하는 데 전혀 문제가 없습니다. 바로 강세가 정확하기 때문이죠. 강세의 중요성을 인식하고 고치고자 노력하는 것만으로도 발음이 향상됩니다. 온라인 사전에 단어를 입력하고 발음의 강약에 집중해서 들어보면 강세의 차이를 느낄 수 있습니다. 이렇게 강세에 관심을 두고 오디오북을 듣고 따라 하다 보면 적어도 '이해 가능한 발음'을 구사할 수 있습니다.

Q6. 아이가 영어책은 잘 읽는데, 단어 뜻은 잘 모릅니다. 이대로 괜찮을까요?

우리 아이는 초등학교 3학년입니다. 영어책을 좋아해서 혼자서도 잘 읽습니다. 그런데 종종 다소 어려운 단어의 의미를 물어보면 확실하게 대답하지 못합니다. 학교에서 영어 시험을 볼 때도 단어나 문법 문제를 많이 틀립니다. 이대로 놔둬도 괜찮을까요? 아이가 영어 공부를 제대로 하는 것인지 궁금합니다.

영어책으로 영어를 배우는 아이들에게 단어 뜻을 물어보면 정확히 설명하지 못할 때가 많습니다. 크게 두 가지 이유로 나눠 생각해 볼 수 있습니다.

첫 번째는 아이가 아직 그 단어의 뜻을 모르는 경우입니다. 단어를 영어책으로 배우려면 적어도 20번 이상 문맥 속에서 반복적으로 접해야 합니다. 자주 나오는 단어가 아니라면 아직 그 뜻을 정확히 파악하지 못했을 수 있습니다.

두 번째는 단어의 뜻은 알지만 한국어로 표현하지 못하는 경우입니다. 예를 들어 He is as mean as a shark.라는 문장에서 mean의 뜻을 물었을 때 아이가 '비열한'이라고 말하지 않고 '나쁜 거'라고 대답했다면 아이는 잘 알고 있는 것입니다. 영한사전에는 '비열한'이라고 적혀 있지만, 이는 문맥을 고려하지 않은 번역입니다. 오히려 '그는 상어만큼 나빠.'라는 아이의 번역이 더 정확합니다.

길게 봤을 때 영어 실력을 높이려면 단어 하나의 뜻을 정확히 아는 것보다 전체적인 내용을 이해하는 것이 더 중요합니다. 아이가 영어책의 전체적인 맥락을 이해하고 있다면 특정 단어의 뜻을 몰라도 큰 문제가 아닙니다. 모든 단어를 정확히 아는 것보다 책을 즐겁게 많이 읽는 것이 영어 교육 면에서 더 좋은 방법입니다.

영어책을 즐겁게 읽는데도 학교 시험에서 틀리는 문제가 많다면 아이의 영어 수준에 따라 대처 방법을 달리합니다. 만약 아이가 영어 그림책을 즐겁게 읽고 있다면 아직은 시행착오를 거치며 영어를 터득해 가는 과정이므로 시험 결과에 연연하지 않습니다. 하지만 영어 소설책을 읽는 수준인데도 성적이 나쁘다면 어떤 문제가 있는지 좀 더 면밀히 살펴봐야 합니다.

Q7. 영어책 읽기를 초등학교 고학년에 시작해도 되나요?

> 엄마표 영어 교육 안내서를 보면, 영어책으로 영어를 배우려면 늦어도 7세나 그 이전에 시작하라고 추천합니다. 우리 아이는 초등학교 5학년인데 영어를 잘하지 못합니다. 그림책 읽기를 지금부터 시작해도 될까요?

영어 그림책 공부법은 아이가 영어의 패턴이나 단어의 뜻을 스스로 터득하며 배우는 방법입니다. 이 암묵적 학습법은 사고가 유연한 어린이에게 특히 효과적입니다. 한국어 체계와 맞지 않는 모호한 내용이 등장해도 이를 빨리 받아들이기 때문이죠. 비유적으로 표현하면, 아래의 그림처럼 동그라미도 네모도 아닌 이상한 물결 모양의 도형을 '퉁꼴'이라고 말해줄 때 '아, 저런 모양을 퉁꼴이라고 하는구나.'라고 빨리 받아들여야 그림책 읽기로 영어를 배우기에 유리합니다.

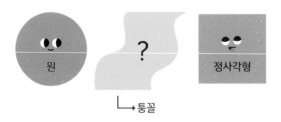

하지만 학년이 올라갈수록 분석적·논리적 사고력이 발달하면서 자신의 기존 지식에 맞지 않는 '퉁꼴'과 같은 모호한 모양을 받아들이기 어려워하죠. 즉 한국어와 전혀 다른 영어 체계를 쉽게 받아들이지 못하고 논리적으로 따지면서 배우려고 합니다.

만약 이러한 성향을 보이는 아이라면 그림책으로 영어를 배우는 방법이 답답하게 느껴질 수 있습니다. 또는 그림책이 유치하게 느껴져서 거부할 수도 있죠. 이때는 아이가 평소 흥미와 관심을 보이는 주제를 다루는 정보책으로 영어를 '공부'하는 것이 효과적일 수 있습니다. 즉, 혼자서 스스로 터득하기보다는 부모나 교사의 도움을 받으며 배우는 방법이 더 좋습니다.

만약 책 읽기를 좋아하거나 모호한 내용도 쉽게 받아들이는 성향의 아이라면 초등학교 고학년일지라도 그림책 읽기로 영어 실력을 충분히 잘 키울 수 있습니다. 고학년 학생은 저학년보다 인지능력과 집중력이 좋을 뿐만 아니라 체력도 좋고 끈기도 있어서 영어를 배우겠다는 의지가 있으면 저학년생보다 훨씬 빠른 속도로 영어 실력을 키울 수 있습니다. 다만 그림책이 유치하게 느껴질 수 있으므로 다양한 그림책을 읽게 하기보다는, 단계별로 구성된 리더스북으로 진도를 빨리 나가는 편이 효과적입니다.

Q8. 영어 실력은 어휘력이라고 하는데, 효과적인 어휘 공부법이 따로 있나요?

초등학교 3학년 아이를 둔 엄마입니다. 따로 학원에 보내지 않고 집에서 아이와 함께 영어책을 읽으며 '엄마표 영어'를 실천하고 있습니다. 그런데 얼마 전에 아이의 친구들은 학원에서 매일 영단어 30개씩 시험을 본다는 말을 들었어요. 저는 단어를 따로 가르치지 않는데, 혹여나 우리 아이의 어휘 실력이 뒤처지지 않을지 염려가 됩니다. 영어 실력의 바탕은 어휘력이라고 하는데, 우리 아이도 영단어를 따로 공부해야 할까요?

단어를 배우는 방법에는 크게 '의도적 학습법'과 '우연적 학습법'이 있습니다. 의도적 학습법은 단어장이나 어휘 학습서로 단어를 암기하는 방법이고, 우연적 학습법은 의식적인 노력 없이 책을 읽으면서 간접적으로 배우는 방법입니다.

둘 중 어느 방법이 어휘력을 키우는 데 효과적인지는 아이의 영어 수준에 따라 다릅니다. 영어가 초보 수준이라면 문맥 속에서 배우는 우연적 학습법이 좋고, 상급 단계라면 의도적 학습법으로 어휘력을 키울 필요가 있습니다.

만약 질문자의 아이가 초보 단계의 학습자라면, 단어장이나 어휘 학습서로 하루에 30개씩 단어를 외우는 것은 큰 의미가 없습니다. 초보자

단어장이나 어휘학습서로 배운다	영어책을 읽으며 문맥 속에서 배운다
〈의도적 학습〉	〈우연적 학습〉

는 영어의 기초 어휘부터 배워야 하는데, 기초 어휘는 대부분 그 뜻이 문맥에 따라 달라지기 때문입니다. 또 '단어를 안다'는 것은 문장에서의 쓰임새까지 이해하는 것인데, 단어장으로 배워서는 단어의 쓰임새를 배울 수 없습니다. 요컨대 기초 어휘를 단어장으로 암기하는 것은 단어의 껍질만 배우는 것입니다.

　구체적인 예를 들어 볼까요? 기초 어휘란 일상생활에서 빈번하게 사용하는 단어입니다. 그 중심에는 동사(get, have, do, take, make…)와 전치사(at, in, on, for, to…)라고 부르는 단어들이 있습니다. 그런데 이 단어들은 그 뜻을 한국어로 표현하기가 쉽지 않습니다. 가령 영한대사전에서 단어 get을 찾아보면 그 뜻이 수백 개에 이릅니다. 이는 동사 get에 대응하는 한국어 단어가 없다는 의미입니다. 그러니 get과 같은 기초 단어들의 뜻은 단어장으로 배울 수가 없습니다.

　영어의 기초 어휘를 왜 문맥 속에서 배워야 하는지를 설명하기 위해 한국어의 기초 단어를 예로 들어 보겠습니다. 한국어 단어 '잘'의 뜻은 무엇일까요? 한마디로 표현할 수 없습니다. 아래의 예에서 보듯이 '잘'의 뜻은 맥락에 따라 다양한 뜻을 가집니다.

잘 가세요.	안전하게 가세요.
잘 사용하세요.	유용하게 사용하세요.
잘 하시네요.	능숙하게 하시네요.
잘 지내세요.	편안하게 지내세요.
잘 들으세요.	집중해서 들으세요.
잘 키우셨네요.	훌륭하게 키우셨네요.
잘 모릅니다.	정확하게 모릅니다.

한국어의 '잘'처럼 영어의 기초 어휘도 단어장으로 배울 수 없으며, 교사가 그 뜻을 한마디로 명확히 설명해 줄 수도 없습니다. 따라서 기초 어휘를 배울 때까지는 영어를 문맥 안에서 반복적으로 접하면서 그 쓰임새를 함께 배우는 것이 중요합니다.

Q9. 영어를 잘하려면 한글책을 많이 읽어야 한다는데, 그 이유는 무엇인가요?

선배 학부모들의 조언을 들어 보면, 영어를 잘하기 위해서는 우선 한글책 읽기를 해야 한다고 합니다. 한글책 독해력이 부족하면 영어 실력을 키우는 데 한계가 있다는 겁니다. 한국어 실력이 영어를 배우는 데 왜 중요한가요?

한글책 독서가 영어 실력에 미치는 영향은 큽니다. 그 이유는 우리 머릿속에 있는 생각머리가 하나로 연결돼 있기 때문입니다. 영어로 배운 내용이든 한국어로 배운 내용이든 일단 우리 뇌에 들어오면 생각머리 한 곳에 저장됩니다. 즉 영어와 한국어는 출입구만 다를 뿐, 지식의 저장 장소와 그 작동 원리가 같습니다.

따라서 한국어로 배운 지식이나 어휘력은 영어를 배우는 데 큰 도움이 됩니다. 예컨대 '포유류'라는 개념을 한국어로 이미 배운 아이는

'mammal=포유류'라고 외우면 됩니다. 그러나 '포유류'라는 단어를 모르는 아이는 그 개념부터 알아야 하므로 영어로 배운다면 시간이 오래 걸릴 수밖에 없습니다.

영어 실력 향상에 한국어 독서가 중요한 결정적 이유는 독해력과 관련이 있습니다. 한국어 독서를 통해 개발된 읽기 전략이나 추측 능력, 논리적 사고력은 영어 학습에도 그대로 적용됩니다. 다음의 글에서 '저작'이라는 단어를 처음 보더라도 한국어 독해력이 발달해 있으면 그 뜻을 문맥으로 유추해 이해할 수 있습니다.

우리가 소화를 잘 시키기 위해서는 입에 들어온 음식물을 30번 이상씩 씹어야 합니다. 그런데 현대인들은 너무 바쁘다 보니 충분히 **저작**을 하지 않고 꿀꺽 삼켜 버립니다.

이처럼 유추 능력이 발달해 있으면 모르는 영어 단어가 나와도 그 뜻을 문맥에서 빨리 추측해 낼 수 있습니다. 한국어에서 키운 독해력을 영어 읽기에 그대로 적용하기 때문에 영어 읽기 실력이 단시간에 높아집니다. 즉, 한국어 독서력이 탄탄한 아이들은 이미 습득된 독해능력을 활용하여 영어를 읽을 수 있고, 결과적으로 영어를 배우는 속도가 매우 빠릅니다.

한국어 독해력이 영어 독해력에 미치는 영향은 영어 실력이 초보 수준일 때는 잘 드러나지 않습니다. 그러나 수능 영어 시험처럼 높은 수준의 사고가 필요한 문제를 풀 때는 한국어 독해력이 결정적인 역할을 합니다. 영어 지문에 나오는 모든 단어를 알고 모든 문장을 해석할 수 있다고 해도 논리적 사고력이나 추론 능력이 부족하면 행간에 숨어 있는 의미나 글의 중심 내용을 파악하기가 어렵기 때문입니다.

한국어 능력은 영어 글쓰기에서도 큰 힘을 발휘합니다. 한국어로 논리적 글쓰기나 창의적 글쓰기를 잘하지 못하면 영어 표현을 모두 안다고 해도 영어로 글을 잘 쓰기가 어렵습니다. 그 이유는 앞에서 말한 것처럼 생각머리가 하나이기 때문입니다. 그러니 영어 능력을 향상시키고 싶다면 먼저 한국어 능력을 탄탄하게 키워 놓아야 합니다.

Q10. 인공지능이 번역해 주는 시대, 영어를 꼭 배워야 하나요?

최근 인공지능 기술이 발달하면서 한국어를 영어로 번역해 주는 통번역기가 잇따라 출시되고 있습니다. 일례로 구글의 인공지능 비서 서비스인 '구글 어시스턴트'를 이용하면 영어를 몰라도 외국인과 실시간 대화가 가능합니다. 우리 아이들이 성인이 될 때쯤에는 인공지능이 더 진화해 통번역기 사용이 일상화될 텐데, 그 많은 시간과 비용, 노력을 들여가며 영어를 공부할 필요가 있을까요?

앞으로 통번역기가 상용화되면 영어를 배울 필요가 없다고 말하는 사람들이 적지 않습니다. 그러나 통번역기가 있으니 영어를 배울 필요가 없다는 주장은 마치 계산기가 있으니 수학을 배울 필요가 없다는 말과 같습니다. 산수는 계산기로도 가능하지만 수학은 문제해결 능력이 없으면 풀지 못하죠. 마찬가지로 통번역기가 아무리 발전을 거듭해도 영어 학습은 여전히 필요합니다. 그 이유는 다음과 같습니다.

첫째, 통번역기는 '말하기'를 대신해 줄 수는 있지만 '의사소통'은 대신해 줄 수 없습니다. 의사소통은 두 사람이 서로 의견을 주고받으면서 타협하고 협상하는 창의적인 과정입니다. 의사소통을 잘하려면 정확성과 유창성은 물론이고, 주어진 상황에 맞게 적절하게 말할 수 있는 능력이 필요합니다. 통번역기는 일방적인 말하기는 가능하지만 '적절성'의 문

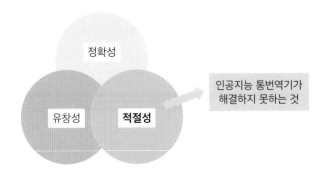

정확성

인공지능 통번역기가
해결하지 못하는 것

유창성　　적절성

〈'성공적인 의사소통'의 필수 요소〉

제를 해결해 주지는 못합니다. '적절성'을 판단하는 기준 자체가 사람마다 다르고 상황에 따라 변하며 언어와 문화에 따라 차이가 있기 때문입니다.

아무리 정확하고 유창하게 영어를 구사하더라도 대화의 내용이나 표현 방법이 적절하지 않아서 상대방 기분을 상하게 한다면 그 의사소통은 실패하고 맙니다. 사람 사이의 관계에서는 감정이 큰 비중을 차지하므로 진정한 의미의 의사소통은 통번역기가 대신해 줄 수 없습니다.

둘째, 통번역기에 의존해서는 영어로 축적된 지식과 정보를 신속하고 정확하게 배울 수 없습니다. 인공지능의 학습법인 '딥러닝(deep learning)'의 특징 때문입니다. 딥러닝은 방대한 데이터를 분석해 패턴을 찾아내는 기술을 말합니다. 컴퓨터가 딥러닝을 하려면 해당 분야의 데이터가 충분히 축적돼 있어야 합니다. 하지만 지식 정보 분야는 그 범위와 내용의 방대함에 비해 이를 다루는 '한국어-영어' 사용자의 수가 적기 때문에 인공지능이 학습할 만큼 충분한 양의 데이터가 축적되기 어렵습니다. 결국 영어를 모르면 직접 정보를 얻지 못하고 다른 사람이 번역한 정보에 의존하는 지식 정보의 2차 소비자가 될 수밖에 없습니다.

통번역기의 발달로 이제는 영어에 대한 부담 없이 해외여행을 자유롭게 할 수 있고, 거리에서 마주치는 외국인들과도 편리하게 대화할 수 있습니다. 그러나 우리가 영어를 배우는 이유는 단순히 외국인과 대화하기 위해서가 아닙니다. 글로벌 시대에 세계 시민으로서 언어의 장벽 없이 자신이 추구하는 일을 해 나가기 위해서죠. 영어를 알면 더 많은 경험과 기회를 얻을 수 있고, 더 다양한 지식과 정보를 습득해 개인의 역량을 키울 수 있습니다. 인공지능 통번역기로는 이러한 수준의 영어를 구사하기 어렵습니다.

"

영어를 모르면
직접 정보를 얻지 못하고
다른 사람이 번역한 정보에 의존하는
지식 정보의 2차 소비자가
될 수밖에 없습니다.

"

2부

•

AI 시대 영어 교육 패러다임의 전환:
생활 영어를 넘어서 콘텐츠 영어로

•

1장

•

말하기 중심 영어 교육은
고비용 저효율

갈수록 영어 사교육 연령이 낮아지면서 영유아 대상 영어 유치원이나 영어 학원이 붐을 이룹니다. 교육 내용을 들여다보면, 대부분 듣고 말하기 중심의 영어 회화를 가르칩니다. 초등학교 영어 교육도 다르지 않습니다. 듣기와 말하기가 핵심입니다.

그런데 어린이들에게 말하기 중심으로 영어를 가르치는 깃이 과연 효과적인 방법일까요? 영유아 대상의 조기 영어 교육은 그만한 투자 가치가 있을까요? 결론부터 말하면, '아니요'입니다.

음성언어는 휘발성이 문제다

음성언어는 시간이 지나면 증발한다

우리나라 어린이들은 일상생활에서 영어를 사용할 기회가 거의 없습니다. 영어 말하기를 배우는 목적은 당장의 필요보다 미래의 경쟁력을 키우기 위해서죠. 유치원생 아이가 지금부터 영어 말하기를 배워서 제대로 실력을 발휘하려면 아마도 20년 후가 될 겁니다. 많은 부모가 어릴 때부터 영어를 배워서 머릿속에 저장해 놓으면 커서도 기억할 거라고 생각하지만, 안타깝게도 그럴 가능성은 희박합니다.

물건은 창고에 쌓아 두면 나중에 다시 꺼내 쓸 수 있지만, 음성언어는 보관이 어렵습니다. 비유하자면 음성언어는 시간이 지남에 따라 자연적으로 증발하는 물과 같습니다. 컵에 물이 가득 차 있는 상태를 유지하려면 증발하는 양과 같은 양의 물을 계속 채워 줘야 하는 것처럼, 영어 단어나 문장을 잊지 않으려면 기억에서 증발하기 전에 반복해서 연습하고 계속 사용하는 과정이 필요합니다.

그런데 문제는 그 비용과 노력이 만만치 않다는 점입니다. 어린이가 성인이 된 후에도 영어 말하기 실력을 발휘하려면 약 20년 동안은 계속 공부해 줘야 합니다. 이런 이유로 실제로 많은 학생이 영어 회화를 배우고, 그 실력을 유지하기 위해 상당 기간 사교육에 의존하거나 원어민 강사에게 과외를 받기도 합니다. 그만큼 큰 비용과 황금 같은 시간을 투자해야 하고 지속적인 노력을 쏟아부어야 합니다. 요컨대 회화 중심 영어 교육의 문제점은 투자하는 시간과 비용에 비해 그 효과가 현저히 낮다는 것입니다.

음성언어를 반복적으로 연습하지 않으면 증발해 버린다는 증거는 곳곳에서 찾아볼 수 있습니다. 초등학교 영어 교과서를 예로 들어 볼까요? 교과서를 펼치면 흔히 글자 없이 그림만 제시되어 있습니다. '나무'나 '꽃'이라는 단어를 배울 때 학생들은 교과서에 실린 그림과 선생님의 영어 발음 소리에만 의지해야 하죠. 그러다 보니 교과서 그림 밑에 한글식 발음을 적는 아이들이 적지 않습니다. 아래 그림은 초등학교 3학년 학생이 선생님의 영어 발음을 듣고 교과서에 우리말로 옮겨 적은 것입니다.

아이들은 왜 영어 발음을 한글로 직을까요? 아마도 허공으로 사라지는 소리 정보를 잊지 않으려고 눈에 보이는 글자로 잡아 놓고 싶었을 겁니다. 이것은 학령기 어린이들에게는 소리보다 문자가 기억하기에 더 효과적인 수단이라는 증거입니다.

일반적으로 청각 정보는 시각 정보보다 기억이 오래가지 않습니다.

청각 정보인 음성언어는 일단 단기 기억에 저장되는데, 단기 기억에서 장기 기억으로 옮겨 가려면 수많은 반복이 필요합니다. 그러나 일상생활에서 영어를 반복적으로 사용할 기회가 없으니 애써 배운 내용이 단기 기억에 머물다 사라져 버리는 것입니다.

한번 익힌 유창한 말하기 실력은 계속 유지될까?

어린이들이 음성언어로 배운 내용을 빨리 잊어버린다고 하면 이런 질문이 뒤따르곤 합니다. "초보 학습자니까 빨리 잊어버리는 게 아닐까요?", "영어 실력이 유창한 수준에 도달하면 그 이후부턴 말하기 실력이 그대로 유지되지 않을까요?" 하지만 기대와 달리 꼭 그렇지가 않다는 것이 여러 사례에서 확인됩니다.

한국에서 영어권 나라로 이민 간 교포의 자녀들을 살펴보면, 이민 시점의 연령과 한글 읽기 능력에 따라 한국어를 망각하는 정도가 다릅니다. 초등학교 입학 전에 이민 가서 한국어를 사용하지 않은 아이들은 얼마 지나지 않아 곧 한국어를 잊어버립니다. 반면에 초등학교 고학년 때 이민 간 아이들은 성인이 된 후에도 어느 정도 한국어를 기억합니다. 즉 한국어를 말로만 배운 경우에는 쉽게 잊어버리지만, 글로 습득한 경우에는 그 능력이 오래 지속됩니다.

이러한 현상은 반대 상황에서도 똑같이 나타납니다. 제 아이를 예로 들 수 있는데요, 제 아이는 미국에서 태어났고 저의 박사 학위 과정이 끝나면서 다섯 살 때 한국에 왔습니다. 그 당시 아이는 미국에서 어린이집 종일반을 다녔기 때문에 제가 한국어로 질문해도 영어로 답할 정도로 영어가 주된 의사소통 수단이었습니다. 그런데 그 유창하던 영어가 한국에 온 지 정확히 3개월 만에 감쪽같이 사라졌습니다.

누군가는 이렇게 말할지 모릅니다. "영어를 다시 배우면 금세 원래대로 돌아오지 않을까요?" 아니요, 그런 일은 일어나지 않았습니다.

제 아이는 미국에서 문자를 배우지 않았고, 한국에 돌아온 후로 영어를 따로 배우지 않았습니다. 초등학교 3학년이 되면서 학교 수업에서 영어를 배우기 시작했는데, 마치 태어나서 처음으로 영어를 배우는 것처럼 무척 낯설어했습니다. 지금도 기억나는 일화가 하나 있습니다. 어느 날 친구 집에 다녀온 아이가 친구 엄마에게 들었다며 이런 말을 전해 주더군요. "얘, 너는 엄마가 영어 교수라면서 왜 그렇게 영어를 못하니?"라고 말입니다.

이처럼 음성언어는 반복적이고 지속해서 사용하지 않으면 금방 증발해 버립니다. 이민 가정의 아이들과 제 아이의 이야기가 바로 음성언어의 휘발성을 보여 주는 단적인 사례입니다.

생활 영어로는 영어 실력이 늘지 않는다

일상 대화에서 사용하는 어휘는 몇 개일까?

많은 부모가 회화 중심의 원어민 수업을 선호합니다. 한국인 강사보다 훨씬 많은 비용이 들지만, 자녀 교육에 대한 열정으로 기꺼이 감내합니다. 하지만 고비용에도 불구하고 생활 영어 중심의 교육으로는 영어 실력을 키우기가 쉽지 않습니다. 그 이유는 생활 영어에서 사용되는 어휘가 매우 제한적이기 때문입니다.

학자에 따라 차이는 있지만, 일상 대화에서 자주 사용하는 어휘는 대략 2천 개 정도라고 합니다. 이 정도는 회화 중심의 영어 교육을 통해 충분히 배울 수 있습니다. 그런데 영어권 나라에서 일상생활이 가능하려면 문자 영어도 읽을 수 있어야겠죠. 일상 대화는 2천 개 단어로도 가능하지만, 영어로 쓰인 신문까지 읽기에는 턱없이 부족합니다.

세계적 어휘학자 폴 네이션(Paul Nation)에 따르면, 일상에서 자주 사용하는 고빈도 영단어 2천 개를 알면 음성언어와 문자언어가 합쳐진 영어 자료에 나타난 총 단어의 90퍼센트를 이해할 수 있다고 합니다. 여기

단어 종류	단어 수	단어 이해도
고빈도 단어	2,000 단어	90% 이해
중빈도 단어	7,000 단어 추가	99% 이해
저빈도 단어	50,000 단어 추가	100% 이해

에 중빈도 단어 7천 개를 추가로 알면 99퍼센트를 이해할 수 있고, 저빈도 단어 5만 개까지 총 5만 9천 개의 영단어를 알면 100퍼센트 이해할 수 있다고 합니다.[1]

단어 이해도가 90퍼센트면 꽤 높은 수준이라고 생각할지 모릅니다. 그러나 실제는 그렇지가 않습니다. 이해하지 못하는 나머지 10퍼센트 단어에 핵심 내용이 포함돼 있기 때문입니다.

예를 들어볼까요? 다음 문장에는 총 10개의 단어가 있습니다. 만약 중빈도 단어인 'pension(연금)'을 모른다면 90퍼센트에 해당하는 나머지 고빈도 단어 9개를 모두 알아도 문장의 핵심 내용을 이해할 수 없습니다.

> It is a good idea to start a pension early.
> (연금은 일찍 시작하는 것이 좋습니다.)

영어권 나라에 살면서 신문도 읽고 뉴스도 들으려면 고빈도 단어만을 배워서는 부족합니다. 영어 실력을 키우려면 중빈도 단어도 함께 배워야 합니다. 하지만 원어민 회화 수업으로는 한계가 있습니다. 새로운 단어를 배우려면 일정 기간 약 20번 이상 반복적으로 접해야 하는데, 일상 대화에서 중빈도 단어를 반복적으로 접할 가능성은 거의 없기 때문이죠. 자주 접할 수 없는 단어이기 때문에 중빈도 단어로 분류된 거니까요. 요컨대 영어 실력을 쌓으려면 중빈도 단어를 배워야 하는데, 회화 중심으로 영어를 배우면 중빈도 단어를 배우기가 매우 어렵습니다.

생활 영어로 배울 수 있는 어휘는 제한적이다

제 주변의 지인들에게 자주 듣는 말이 있습니다.

"엄마가 영어과 교수니까 집에서 영어를 사용하면 아이들은 굳이 영어를 따로 배우지 않아도 되겠네요."

하지만 현실은 그렇지가 않습니다. 부모와 자녀 사이에 오가는 단어는 수백 개 남짓에 불과합니다. 아무리 집에서 영어를 자주 사용해도 기대할 수 있는 실력 향상은 한 줌 정도에 불과합니다. 게다가 영어 실력을 늘리겠다는 생각으로 영어 사용을 고집하다가 자녀와 대화가 줄어든다면, 오히려 얻는 것보다 잃는 것이 더 많을 수도 있습니다.

우리가 일상생활에서 사용하는 어휘가 얼마나 제한적인지를 보여 주는 사례가 있습니다. 제가 아는 한 아이는 초등학교 1학년 때 부모를 따라 미국 초등학교로 전학하였습니다. 학교에서는 영어를 사용하고 책도 영어책만 읽었지만, 집에서는 부모와 한국어로 대화했고 한국어 의사소통에는 전혀 문제가 없었죠. 그러다 6년 후 아버지의 박사 학위 과정이 끝난 시점에 다시 한국에 돌아와 중학교 1학년에 입학했습니다.

이때부터 문제가 나타나기 시작했습니다. 영어를 제외한 거의 모든 과목에서 학습 부진을 보인 겁니다. 아이는 사교육의 도움을 받았지만 1년이 지나도록 성적에 변화가 없었죠. 하루는 아이의 성적표를 받아든 아버지가 처음으로 심하게 꾸중했습니다. 이에 아이가 울먹이자 아버지는 이렇게 말했습니다. "울긴 왜 울어? 억울한 게 있으면 다 말해 봐." 그런데 아이의 대답이 뜻밖이었습니다. "죄송한데, '억울한 게'가 뭐예요?"

아이는 태어나서 중학생이 될 때까지 집에서 한국어만을 사용했습니다. 그러나 '억울하다'라는 단어는 알지 못했죠. '억울하다'는 중빈도 단어 중 하나입니다. 부모와 일상 대화에서는 중빈도 단어를 들을 기회가 없다 보니 한국에 돌아온 후 학교 수업을 따라갈 수가 없었던 겁니다.

이처럼 말하기로 영어를 배워서는 중빈도 단어를 배우기가 쉽지 않습니다. 요컨대 영어 능력을 제대로 키우려면 회화 중심의 영어 교육으로는 한계가 있으며, 투자한 비용에 비해 그 효과가 현저히 낮다는 것을 알 수 있습니다.

회화 중심의 영어 교육 효과는 나이에 따라 다르다

요즘 광고를 많이 하는 성인 대상의 온라인·오프라인 영어 교육 프로그램들을 보면, 대부분 회화 능력을 강조하고 이를 중점적으로 가르칩니다. 누군가는 이렇게 반문할지도 모르겠습니다. 회화 중심의 영어 교육이 정말로 효과적인 방법이 아니라면 이들 프로그램도 잘못된 방법을 사용하는 것 아니냐고요.

그렇지는 않습니다. 성인과 어린이의 영어 교육은 접근법이 달라야 합니다. 성인들이 영어 회화를 공부하는 것은 부족한 회화 능력을 보충하기 위해서입니다. 즉 영어를 배우는 방법으로 회화 수업을 듣는 것이 아니라 당장 회화 능력이 필요하기 때문입니다.

반면에 어린이들은 영어의 기본을 배우는 것이 목적입니다. 즉 문장의 패턴을 배워야 하고 단어의 쓰임새를 익혀야 합니다. 영어 기초 실력이 탄탄해지면 영어 말하기는 쉽게 해결됩니다. 그래서 말하기를 먼저 배우는 것이 고비용 저효율이라고 말하는 것입니다.

영어 교육에서 꼭 '듣기 먼저' 해야 할까?

영어 '듣기'가 어려운 이유

한국인들에게 영어는 말하기도 어렵지만 듣기는 더 어렵습니다. 영어 말하기는 내가 원하는 속도로 내가 아는 단어를 사용해 말하면 됩니다. 하지만 영어 듣기는 그렇지가 않죠. 상대방의 말하는 속도를 따라가야 하고, 상대방이 사용하는 다양한 어휘와 복잡한 문장 구조도 이해해야 합니다. 그러니 말하기보다 듣기가 훨씬 더 어려울 수밖에요.

영어 듣기가 어려운 또 다른 이유는 리듬 구조의 차이입니다. 한국어는 각 음절의 발음이 비교적 또렷하게 들리는 음절박자 언어(syllable-timed language)인 반면, 영어는 강세 음절만 잘 들리고 나머지는 소리도 작고 속도도 빨라서 듣기가 쉽지 않은 강세박자 언어(stress-timed language)입니다. 이러한 리듬 특성 때문에 영어의 말하기 속도는 한국어보다 훨씬 빠르게 느껴집니다. 한국어 뉴스와 영어 뉴스를 비교해 보면 속도 차이가 확연한데, 두 언어의 리듬 구조가 다르기 때문입니다.

그래서일까요? 요즘 여러 광고에서 '듣기'로 영어 교육을 시작해야 한다고 강조하는 문구를 종종 접합니다. 이들은 귀가 먼저 트여야 말문이 열리고, 듣기가 되면 읽기도 자연스럽게 배울 수 있다고 주장합니다. 듣기가 돼야 말문이 열린다는 데는 이견이 없습니다. 하지만 듣기를 잘해야 읽기도 잘하게 된다는 주장은 논란의 여지가 아주 많습니다. 특히 '듣기 먼저' 교육의 근거로 흔히 모국어 습득 순서를 인용하는데, 그 주장이 맞는지도 한번 따져 봐야 합니다.

'모국어 습득 순서대로'의 비효율성

아이들은 누가 가르쳐 주지 않아도 스스로 모국어를 배웁니다. 아이들이 언어를 배우는 과정을 관찰해 보면, 처음에는 어른들의 말을 듣기만 하다가 어느 순간 따라 말하기 시작합니다. 그다음에는 글자를 읽고 쓰는 걸 배우죠. 이를 근거로 외국어인 영어도 이 순서대로 가르쳐야 한다고 생각하는 사람들이 적지 않습니다. 모국어 습득 순서를 영어 교육에 그대로 적용하자는 것이죠. 하지만 여기에는 간과한 사실이 하나 있습니다. 초등학생 어린이는 모국어를 배우는 유아와 인지 능력에서 큰 차이가 있다는 점입니다.

유아에게 언어 습득은 이 세상을 배우는 과정입니다. '우유'가 무엇이고 '나무'가 무엇인지 그 개념을 배우는 과정에서 단어도 함께 습득합니다. 이렇듯 유아의 언어 습득은 인지 발달 과정과 맞물려 있죠.

반면에 초등학생 어린이는 이미 모국어를 완전히 습득했고 상당한 수준의 세상 지식도 쌓은 상태입니다. 이미 알고 있는 단어의 영어 표현만 배우면 됩니다. 구태여 시간이 오래 걸리는 모국어 습득 순서를 따를 필요가 없습니다.

'듣기 먼저'는 모국어 유아 교육법이다

미국의 교육가이자 작가인 짐 트렐리즈(Jim Trelease)는 『하루 15분 책 읽어주기의 힘(The Read-Aloud Handbook)』이라는 책으로 미국 사회에

'책 읽어 주기' 열풍을 일으켰습니다. 이 책에서 그는 "책 읽어 주기는 부모가 아이에게 줄 수 있는 최고의 선물"이며, 듣기는 말하기, 읽기, 쓰기의 원천이므로 듣기가 가장 중요하다고 강조했습니다. 한마디로 듣기가 바탕이 돼야 말하기와 읽기도 잘할 수 있다는 것이죠.

우리나라에도 이 책의 번역본이 출간되면서 '듣기 먼저' 영어 교육에 힘이 실렸습니다. 듣기를 충분히 익힌 후에 읽기를 가르쳐야 영어를 효과적으로 배울 수 있다고 말입니다. 하지만 트렐리즈가 듣기를 강조한 진짜 이유는 다른 데 있습니다.

트렐리즈가 말한 '책 읽어 주기'는 외국어 교육법이 아니라 유아 교육법입니다. 부모가 아이에게 책을 읽어 주면 언어 발달은 물론이고, 인지발달, 정서 발달, 부모와의 유대관계, 사회성 발달 등을 통합적으로 성장시킬 수 있습니다. 즉, 아이의 전인교육을 위한 방법으로 책 읽어 주기를 강조한 것입니다.

그의 말을 따른다면 우리나라 부모는 자녀에게 한국어 이야기책을 읽어 주는 것이 가장 효과적입니다. 부모가 쌓아 온 삶의 지혜와 풍부한 지식을 가장 효과적으로 전달할 수 있는 언어는 영어가 아니라 모국어인 한국어니까요. 다시 말해 '모국어책 읽어 주기'와 '외국어책 읽어 주기'는 구별해야 합니다.

트렐리즈가 듣기를 강조한 또 다른 이유는 유아기의 뇌 발달과 관련이 있습니다. 유아기에는 시각세포보다 청각세포가 더 발달되어 있습니다. 따라서 영유아기에는 듣기 감각을 활용한 교육이 효과가 좋습니다. 시각 세포가 발달하지도 않은 영아에게 문자를 가르칠 수는 없으니까요.

반면에 학령기 어린이는 이미 문자에 익숙하므로 '듣기 먼저'의 순서를 따르면 오히려 비효율적입니다.

초등학생에게 효과적인 듣기 교육법

학령기 어린이들에게 '듣기 먼저' 학습법은 시간이 오래 걸리고 비효율적인 영어 교육법입니다. '듣기 먼저' 방법으로 영어를 배우려면 듣기 과정을 끝낸 후에 읽기 과정을 시작해야 합니다. 즉, 귀로 배운 소리를 영어 글자와 연결하는 과정을 다시 학습해야 합니다. 그런데 이 과정을 건너뛰는 방법이 있습니다. 처음부터 소리와 글자를 묶어서 함께 배우게 하는 겁니다.

아래 그림은 듣기 교육의 두 가지 학습법을 대조적으로 보여 줍니다. 왼쪽은 소리를 먼저 배우고 다시 소리와 문자를 연결하는 '듣기 먼저' 학습법입니다. 오른쪽은 소리와 문자를 묶어서 동시에 배우는 '눈과 귀가 협응하는' 학습법입니다.

〈'듣기 먼저' 방법〉　　　　〈'눈과 귀가 협응하는' 방법〉

눈과 귀가 협응하는 학습법은 귀로는 tree의 소리를 듣고 눈으로는 문자를 봅니다. 이때 문자는 소리 기억의 단서가 됩니다. 즉 단어 tree의 소리가 기억나지 않을 때 첫 글자인 t가 소리를 떠올리게 하는 이미지 단서가 될 수 있죠. 눈과 귀가 협응하는 학습법의 자세한 내용은 4부에서 살펴봅니다.

조기 영어 교육의 문제점

영어 교육, 빠르면 빠를수록 좋을까?

어느 사교육 업체의 조사에 따르면, 설문에 참여한 학부모의 80퍼센트 이상이 5세 이전에 영어를 가르쳐야 한다고 답했습니다. 정도의 차이는 있겠지만 대다수 학부모가 '영어 교육은 빠르면 빠를수록 좋다'고 생각하는 것 같습니다. 그런데 정말 그럴까요?

어릴수록 영어에 대한 거부감이 낮고 흡수력이 좋은 것은 사실입니다. 유아들은 마치 스펀지처럼 이 세상의 것들을 거부감 없이 빨아들입니다. 그러나 유아의 스펀지 같은 습득 특성은 영어 학습에 단점으로 작용하기도 합니다.

유아들은 시각보다 청각이 먼저 발달하기 때문에 듣기와 말하기 위주로 언어를 배웁니다. 하지만 문자 없이 소리로만 배운 언어는 쉽게 증발하죠. 스펀지가 흡수력은 좋지만 오래 저장하지 못하듯이, 너무 어릴 때 배운 내용은 시간이 지나면 쉽게 사라집니다.

그렇다면 유아들에게 영어를 문자로 가르치면 음성언어가 휘발되는 것을 막을 수 있을까요? 유아에게 읽기를 배우도록 상요하면 뇌 발달에 해롭습니다. 뇌 과학 연구에 따르면, 읽기에 필요한 뇌의 영역은 5세가 지나야 발달합니다. 아직 뇌 세포가 발달하지 않은 상태에서 과도하게 뇌를 사용하면 과부하가 걸려 인지 발달에 부정적인 결과를 초래할 수 있습니다. 따라서 책상에 앉아 글을 읽고 쓰며 배우는 영어 공부법은 유아기의 특성에 적합하지 않습니다.

유아기 영어 교육은 고비용 저효율이다

언어는 인지 발달과 상호작용하며 발달합니다. 인지 능력이 따라 주지 않으면 언어 능력도 더디게 발달하죠. 앞서 살펴본 것처럼, 생각머리가 자라지 않으면 영어에 아무리 많이 노출돼도 흡수할 내용이 매우 제한적입니다.

가령, slave라는 단어가 나왔을 때 '노예'라는 개념을 알면 'slave=노예'라고 외우기만 하면 됩니다. 하지만 아직 '노예'의 개념을 모르면 영어 단어뿐만 아니라 개념도 함께 익혀야 하므로 시간이 훨씬 오래 걸리죠. 시간이 오래 걸린다는 것은 그만큼 효율성이 낮고 비용도 많이 든다는 뜻입니다.

발음도 마찬가지입니다. 우리말을 배우는 3세 유아는 흔히 '사과'의 'ㅅ'을 발음하지 못해서 '아과'라고 말합니다. 영어권 유아들도 r 발음을 못 해서 rabbit을 wabbit이라고 합니다. 아직 혀 근육이 발달하지 않아서 정확하게 발음하기 어렵습니다.

이처럼 유아기 아이들은 영어를 거부하지는 않지만 배움의 양이 매우 적습니다. 새로운 언어를 습득하는 속도도 느립니다. 시간과 노력, 비용을 투자한 것에 비하면 조기 교육으로 쌓을 수 있는 영어 학습량은 아주 미미할 수밖에 없습니다.

유아 교육의 우선순위는 영어가 아니다

유아기에 가장 중요한 것은 건강한 신체 발달과 정서 발달, 그리고 인지 발달입니다. 유아기에는 다양한 감각을 경험하고 활용하면서 감수성을 기르고, 호기심과 상상력, 창의력을 키워야 합니다. 또 사랑과 칭찬을 듬뿍 받아서 자존감을 키워야 합니다.

그런데 만약 이 시기에 영어 교육에만 집중하면 어떻게 될까요? 유아기에만 가능하고 또 필수적으로 갖춰야 할 능력을 키우는 데 소홀해질 수도 있습니다. 단순히 비용이나 노력의 문제가 아니라, 아이의 올바른 성장에 걸림돌이 될지도 모릅니다.

교육은 시기마다 가장 중요한 것이 무엇인지 판단하고 중요도에 따라 우선순위를 정해야 합니다. 물론 부모마다 생각의 차이가 있겠지만, 유아기 교육의 우선순위는 영어가 아닐 겁니다. 3세 아이에게 '사과는 apple'이라고 가르치는 것이 과연 아이의 미래에 어떤 도움이 될지 신중히 생각해 볼 문제입니다.

언어 발달과 인지 발달의 밀접한 관계

서로 다른 두 개의 언어를 구사하는 사람을 '이중언어 화자'라고 합니다. 이중언어 화자를 연구하는 학자들에 따르면, 모국어 발달은 인지 발달과 밀접한 관계가 있습니다. 즉 모국어 능력이 충분히 발달하지 않으면 인지 발달도 지연됩니다. 언어 발달과 인지 발달의 관계를 3층 집에 비유하면 다음 페이지의 그림과 같습니다.[2]

그림에서 1층에 있는 아이들은 조기 영어 교육을 받아 또래보다 영어

	언어 발달	인지 발달

〈언어 발달과 인지 발달의 관계〉

는 잘하지만 한국어 능력은 또래만큼 발달하지 않은 경우입니다. 여기서 말하는 한국어 능력이란 일상생활에서 대화하는 능력이 아니라 학교 공부에 필요한 추상적 사고를 할 수 있는 한국어 능력을 뜻합니다. 인지 발달이 또래에 비해 늦고 이 상태가 지속되면 학교 교육을 제대로 따라가기 어렵습니다. 조기 영어 교육이 인지 발달에 부정적인 결과를 초래하는 경우입니다.

다음으로 2층에 있는 아이들은 영어는 못하지만 모국어인 한국어가 정상적으로 발달한 경우입니다. 영어 실력이 떨어져도 한국어가 또래 수준으로 발달해 있다면 인지 발달은 정상 수준이라고 할 수 있습니다. 인지 발달의 바로미터가 한국어 능력이기 때문입니다. 대부분의 한국 학생들이 여기에 해당합니다.

마지막으로 3층 아이들은 두 개의 언어가 모두 잘 발달한 경우로, 인지 능력도 뛰어나고 창의성도 또래에 비해 높은 수준입니다. 많은 부모들이 바라는 이상적인 경우이나 이중언어 학자들에 따르면 3층까지 도달한 이중언어 화자는 그리 많지 않다고 합니다.

언어 발달과 인지 발달은 함께 성장하는 친구와 같아서 유아기에 모국어가 충분히 발달하지 않으면 인지 발달이 늦어집니다. 물론 언어 감각이 뛰어난 아이들은 두 언어를 모두 다 잘할 수도 있습니다. 하지만 만약 조기 영어 교육에 지나치게 몰입해 한국어 발달이 지연되고 인지 능력과 사고력 발달이 늦어진다면 차라리 아니 한 만 못할 겁니다.

영어 교육의 적정 시기는 언제일까?

영어 교육의 적정 시기에 관해서는 학자마다 다르고, 아이의 특성이나 부모의 교육 철학에 따라 다를 겁니다. 그러나 일반적으로 우리나라에서 영어를 배우는 목적과 인지 발달, 경제성, 효율성 등을 고려해 보면한글 읽기를 배운 후에 영어 교육을 시작하는 것이 가장 효과적입니다. 우리말로 된 책을 혼자서 읽을 수 있는 아이들이 영어를 배우기 시작하면그렇지 않은 아이들보다 영어 학습 속도가 훨씬 빠르기 때문입니다.

언제 영어 교육을 시작할지를 결정할 때는 생물학적 나이보다는 아이의 언어적 능력이나 성향을 고려해 판단하는 것이 좋습니다. 또래보다한국어 발달이 빠르고 영어에 대한 스트레스가 없다면 영어를 다소 빨리시작해도 괜찮습니다. 하지만 한국어 발달이 더딜 뿐만 아니라 영어를싫어하는 아이에게 조기 교육을 하면 부작용이 더 크게 나타날 수 있습니다. 특히 아이가 과도한 학습량 때문에 정신적으로 스트레스를 받는다면득보다는 실이 훨씬 큽니다.

한글 읽기를 배운 후에
영어 교육을 시작하는 것이
가장 효과적입니다.
그래야 영어 학습 속도가 훨씬 빠릅니다.

2장

•

콘텐츠 영어 능력은
미래 교육의 핵심 자산

영어 능력에는 두 종류가 있습니다. 바로 일상생활에 필요한 생활 영어 능력과, 지식과 정보를 습득하는 데 필요한 콘텐츠 영어 능력입니다. 인공지능 통번역기가 일상화되면 생활 영어 능력은 더 이상 특별한 능력이 아니게 됩니다. 이제는 통번역기가 해결해줄 수 없는 콘텐츠 영어 능력을 키워야 합니다. 특히 글로벌 온라인 시대에 필요한 것은 듣기와 읽기 중심의 콘텐츠 영어 능력입니다. 아이의 미래를 생각한다면 장기적 안목으로 콘텐츠 영어 능력을 키워 가야 합니다.

두 종류의 영어 능력 : 생활 영어와 콘텐츠 영어

학교 교육에 필요한 영어 능력이 따로 있다

이중언어 교육의 세계적 권위자이자 캐나다 토론토대학교 교수인 짐 커민스(Jim Cummins)는 부모를 따라 미국과 캐나다에 이민 온 어린이들을 관찰하던 중 이상한 점을 발견했습니다. 이 어린이들은 이민 온 지 2~3년이 지나면 영어로 일상적인 대화는 잘하는데, 학교 공부는 잘 따라가지 못했습니다. 과거의 이중언어 학자들은 그 이유를 이민자 어린이의 '낮은 지능' 때문이라고 설명했습니다. 그러나 커민스 교수가 집중 관찰을 통해 발견한 근본적인 원인은 다른 데 있었습니다. 이민자 어린이들이 학교 공부를 따라가지 못하는 이유는 지능이 아니라 학교 공부에 필요한 영어 능력이 부족해서였습니다.

이민자 어린이들의 연구를 바탕으로 커민스 교수는 영어 능력에는 두 종류가 있음을 밝혀냈습니다. 하나는 일상 대화에서 사용하는 언어 능력인 '대인 간 기초 의사소통 능력(BICS, Basic Interpersonal Communication Skills)'입니다. 편의상 '생활 영어 능력'이라고 부르겠습니다. 다른 하나는 학교 공부에 필요한 언어 능력인 '인지-학습 언어 능력(CALP, Cognitive Academic Language Proficiency)'입니다. '인지-학습 언어 능력'은 교과목의 내용(content)을 학습하는 데 필요한 영어 능력을 말하므로 편의상 '콘텐츠 영어 능력'이라고 부르겠습니다. 생활 영어와 콘텐츠 영어의 특징을 요약하면 다음과 같습니다.

구 분	생활 영어(BICS)	콘텐츠 영어(CALP)
사용 용도	일상생활에서 사용하는 영어	공부할 때 사용하는 영어
맥락 여부	상황과 맥락이 있음	상황과 맥락이 없음
대상 내용	구체적인 내용	추상적인 내용
학습 기간	약 2년	약 5~7년

일상생활에서 사용하는 생활 영어는 배우기가 쉽습니다. 상대방을 직접 보면서 대화하기 때문에 말의 의미를 몰라도 상대방의 표정이나 행동, 목소리와 같은 시청각 단서로 대략적인 의미를 짐작할 수 있기 때문입니다. 커민스 교수에 따르면, 영어권 나라에 이민 온 어린이가 생활 영어를 배우는 데는 평균 2년이 걸린다고 합니다.

콘텐츠 영어의 특징

콘텐츠 영어는 학교 공부, 즉 교과목의 지식을 습득하는 데 필요한 영어 능력으로, 배우기가 쉽지 않습니다. 생활 영어와는 달리 주변 맥락의 도움 없이 영어 자체에만 의존해 추상적인 내용을 이해해야 하기 때문입니다. 예를 들어, Caterpillar is a longer word than a train.이라는 문장의 뜻을 이해하려면 추상적 사고력이 필요합니다. 직관적인 이해력만 가지고 있으면 이 문장을 '애벌레가 기차보다 길다.'라고 해석할 수 있습니다. 추상적인 사고력이 뒷받침돼야 'caterpillar(애벌레)라는 단어의 길이가 train(기차)이라는 단어의 길이보다 더 길다.'라는 뜻임을 이해할 수 있습니다.

콘텐츠 영어에 사용되는 어휘 수는 생활 영어에서 사용하는 어휘 수보다 훨씬 많고, 구문도 생활 영어보다 훨씬 복잡합니다. 이러한 이유로 이민자 어린이가 콘텐츠 영어를 배우려면 평균 5년에서 7년이 걸립니다.

콘텐츠 영어 능력은 생활 영어 능력과는 달리 우리 눈에 보이지 않습니다. 커민스 교수는 생활 영어와 콘텐츠 영어의 특징을 빙하 모형에 비유하여 설명합니다. 생활 영어는 수면 위에 떠 있어서 우리 눈에 잘 보이지만, 콘텐츠 영어는 빙하처럼 수면 아래 잠겨 있어서 우리 눈에 보이지 않는다는 겁니다.

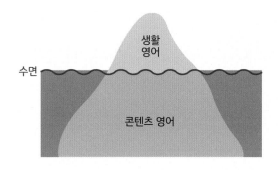

콘텐츠 영어 능력의 실생활 예

일상생활에서 생활 영어 능력과 콘텐츠 영어 능력의 차이를 실감할 수 있는 예가 바로 설명서입니다. 컴퓨터를 배우거나 새로 산 기구를 조립할 때 누군가의 설명을 듣거나 남이 하는 걸 보고 따라 하면 금방 이해할 수 있죠. 언어적인 설명뿐만 아니라 몸으로 직접 시연해 주기 때문에 쉽게 느껴집니다. 반면에 그림 하나 없이 글로만 적힌 설명서를 읽고 혼자 조립하려면 버거울 수밖에 없습니다. 글자에만 의존해 머릿속으로 조립 과정을 상상해야 하니까요. 설명서를 읽고 직접 이해해야 하는 것처럼 콘텐츠 영어는 훨씬 고난도의 영어 능력입니다.

그렇다면 생활 영어는 듣기와 말하기 능력이고, 콘텐츠 영어는 읽고 쓰는 영어 능력을 의미할까요? 꼭 그렇지는 않습니다. 똑같은 듣기라도 일상 대화에서는 생활 영어 능력이 필요하지만, 학교 수업이나 강의를 듣고 이해하려면 콘텐츠 영어 능력이 필요합니다. 요컨대 콘텐츠 영어 능력이란 주변 맥락의 도움 없이 영어 자체에만 의존해 해당 내용, 즉 콘텐츠를 이해할 수 있는 능력을 말합니다.

글로벌 온라인 교육의 열쇠는 콘텐츠 영어 능력

비대면 시대, 온라인 교육이 대세다

인공지능(AI)의 발달과 전 세계를 강타한 코로나의 영향으로 온라인 교육이 급성장하고 있습니다. 온라인 교육의 장점은 누구나 시간과 공간의 제약 없이 방대한 정보에 쉽게 접근할 수 있다는 것이죠. 온라인 교육 플랫폼을 이용하면 자신이 원하는 내용을 국내는 물론 세계적 전문가들로부터 직접 배울 수 있습니다. 지금도 코세라(Coursera)나 에덱스(edX)와 같은 온라인 공개강의 플랫폼에 접속하면 각 분야 세계 최고 권위자들의 강의를 안방에서 들을 수 있습니다. 이러한 글로벌 온라인 교육 플랫폼은 앞으로 훨씬 더 다양해질 것이고, 양적으로나 질적으로 더욱 성장할 겁니다.

영어는 지식 정보 보고의 문을 여는 열쇠다

이제는 대학의 졸업장보다는 융합적인 사고를 바탕으로 자신만의 독특한 콘텐츠를 개발하는 창의성이 중요한 시대가 되었습니다. 자신만의 콘텐츠를 개발하려면 지식 정보의 보고인 구글과 유튜브, 글로벌 온라인 교육 플랫폼과 같은 거대한 온라인 바다를 항해하면서 자신에게 필요한 내용을 직접 찾아내고, 이를 바탕으로 자신만의 독창적인 콘텐츠를 개발해야 합니다.

그런데 이렇게 지식 정보의 보고인 글로벌 온라인 플랫폼을 활용하려면 한 가지 필수 조건이 있습니다. 바로 영어 능력입니다. 온라인상에서 유통되는 정보의 비율을 보면, 한국어는 1퍼센트인 데 반해 영어는 무려 55퍼센트에 이른다고 합니다. 특히 방문자 수가 가장 많은 상위 1천만 웹사이트에서 사용되는 언어의 비율을 보면 영어는 60.4퍼센트인 데 반해 한국어는 0.6퍼센트라고 합니다.[3] 이는 우리가 영어를 알면 더 풍부한 정보를 얻을 수 있고 새로운 정보를 더욱 신속하게 접할 수 있다는 뜻입니다. 요컨대 영어는 글로벌 온라인 세계의 문을 열어주는 열쇠라고 할 수 있습니다.

글로벌 온라인 시대, 콘텐츠 영어 능력을 키워라

이처럼 교육의 패러다임이 온라인으로 바뀌면 영어 교육의 패러다임도 바뀌어야 합니다. 이제 영어 교육은 생활 영어보다는 지식 정보를 습득하고 콘텐츠 학습에 필요한 콘텐츠 영어 능력에 중점을 두어야 할 때입니다. 또 평생교육의 시대에 지식 정보의 보고인 구글이나 유튜브와 같은 글로벌 온라인 플랫폼을 언어의 장벽 없이 활용하려면 말하기 능력보다는 듣기와 읽기 능력을 우선해서 키워야 합니다.

〈글로벌 온라인 시대의 영어 교육 우선순위〉

영어 교육에서 듣기와 읽기 중심의 콘텐츠 영어 능력에 우선순위를 두어야 한다면 말하기 중심의 의사소통 능력은 중요하지 않다는 의미일까요? 그렇지는 않습니다. 면대면 의사소통 능력도 당연히 키워야 합니다. 우선순위는 듣기와 읽기 중심의 콘텐츠 영어 능력에 두되 이를 키우는 과정에서 말하기 능력도 자연스럽게 키우는 방법을 찾아야 합니다. 이러한 방법이 바로 4부에서 소개할 '영어책 ReaStening 학습법'입니다.

초등영어 우등생이 용두사미로 끝나지 않으려면

말하기 능력이 영어 실력의 전부는 아니다

초등학교에서 영어를 잘하는 학생들은 대개 유아기부터 영어를 배운 경우입니다. 영어를 일찍부터 배웠기 때문에 발음이 원어민과 거의 흡사하고, 주로 음성언어 중심으로 배워서 말하기가 유창합니다. 이 유창한 회화 능력에 근거해 아이가 영어를 잘한다고 판단합니다.

그런데 초등학교 때 영어 우등생이던 아이가 정작 대학 입시나 취업 시험에서 기대만큼 영어 실력을 발휘하지 못하는 경우가 종종 있습니다. 그 이유는 무엇일까요? 생활 영어 능력은 출중하지만 콘텐츠 영어 능력이 부족해서라고 추측할 수 있습니다. 대다수 시험에서 측정하는 능력은 주로 콘텐츠 영어 능력이니까요.

우리가 아이에게 영어를 가르치는 이유는 미래의 역량을 키우기 위해서입니다. 지금 당장 겉으로 드러나는 유창한 말하기 능력에 만족해 눈에 보이지 않는 콘텐츠 영어 능력을 키우지 않는다면 투자한 노력에 비해 그 결과가 용두사미로 끝날 수도 있습니다. 따라서 자녀의 영어 교육을 계획할 때는 눈에 보이는 단기적인 학습 결과에 연연하기보다는, 장기적인 안목으로 접근해야 합니다.

조기 유학으로 보장되는 것은 생활 영어 능력뿐이다

지금은 사그라졌지만 한때 조기 유학 열풍이 일던 때가 있었습니다.

대학 입시에서도 영어 실력만으로 학생을 선발하는 특별 전형이 있었습니다. 그래서 일부 학부모는 초등생 자녀를 영어권 나라에 1년 혹은 2년간 조기 유학을 보내기도 했습니다.

영어 말하기를 가장 쉽게 배우는 방법은 영어권 나라에서 생활하며 자연스럽게 익숙해지는 겁니다. 영어권 나라에서 2년 정도 초등학교에 다니면 대부분 또래 수준의 생활 영어를 구사합니다. 그러니 조기 유학을 보내면 생활 영어는 보장되는 셈이죠. 그러나 커민스 교수가 주장한 우리 눈에 잘 보이지 않는 콘텐츠 영어 능력은 조기 유학으로 보장되지 않습니다.

콘텐츠 영어 능력을 키우는 최고의 방법은 영어책 읽기다

콘텐츠 영어 능력은 회화 위주의 영어 교육으로는 키우기 어렵습니다. 가장 좋은 방법은 영어책 읽기입니다. 영어책을 읽으면서 어휘력과 독해력을 높여야 합니다. 그림책이든 정보책이든 관계없이 말이 아닌 글을 읽는 것이 중요합니다.

콘텐츠 영어 능력은 영어 학습의 초보 단계라고 할 수 있는 초등학교 수준에서는 잘 드러나지 않습니다. 그러다 추상적이고 복잡한 내용을 다루는 고등학교 시기부터 그 차이가 표면으로 드러나기 시작합니다. 고등학생이 되니까 갑자기 콘텐츠 영어 능력이 나타나는 것이 아니라, 그 이전부터 축적한 결과가 고난도 학습 수준에서 발현됩니다. 다만 그전까지는 빙하처럼 물속에 잠겨 있어서 우리 눈에 보이지 않았을 뿐입니다.

3장

·

콘텐츠 영어 능력의 뿌리는
한국어 능력

영어를 잘하려면 한국어 독서력이 중요합니다. 한국어와 영어는 완전히 다른 언어인데 한국어 독서력이 영어 공부에 왜 중요하다는 것일까요? 그 이유는 우리 머릿속에 영어와 한국어를 함께 처리하는 중앙처리장치가 있기 때문입니다.

영어를 잘하는 데 한국어 능력이 중요한 이유

우리 머릿속에 중앙처리장치가 있다

이중언어 학자들에 따르면 모국어 읽기 능력은 외국어 읽기 능력에 직접적인 영향을 미친다고 합니다. 이 분야의 연구 결과들을 종합해 보면, 학습자의 읽기 능력이 기초 수준일 때는 모국어 능력과 외국어 능력 사이의 연결고리를 찾기가 쉽지 않습니다. 그러나 읽기 수준이 어느 정도로 올라가면 두 언어 능력 사이의 상관관계가 확연히 드러나기 시작합니다.[4]

두 언어 능력 사이에 상관관계가 높은 이유는 무엇일까요? 그 이유를 설명하기 위해 도입된 개념이 바로 '공통 기저 언어 능력(common underlying proficiency)'입니다. 이중언어 학자인 짐 커민스 교수에 따르면, 우리 머릿속에는 모국어와 외국어, 두 언어를 함께 관장하는 '공통 기저 언어 능력'이 존재합니다. 커민스 교수는 이 능력의 존재를 빙하 모형으로 설명합니다.

다음 페이지의 그림을 보면 물 위에 두 개의 빙하가 솟아 있죠. 그러나 수면 아래에는 두 개의 빙하가 한 덩어리로 붙어 있는 것을 볼 수 있습니다. 한국어와 영어 읽기 능력의 상관관계가 높은 이유는 바로 한국어와 영어를 처리하는 능력이 한 덩어리이기 때문입니다.

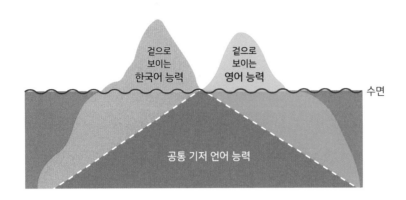

커민스 교수가 주장한 '공통 기저 언어 능력'은 컴퓨터의 중앙처리장치(CPU)를 떠올리면 이해가 쉽습니다. 컴퓨터의 중앙처리장치는 우리의 뇌에 해당하는 부분으로, 키보드로 입력된 내용을 해석하고 처리하는 핵심 장치입니다. 공통 기저 언어 능력도 컴퓨터의 중앙처리장치와 마찬가지로 영어 채널로 들어온 내용이든 한국어 채널로 들어온 내용이든 관계없이 종합적으로 분석하고 해석합니다. 즉, 공통 기저 언어 능력은 '머릿속의 중앙처리장치'라고 할 수 있습니다.

머릿속 중앙처리장치의 근거

모국어와 외국어를 함께 관장하는 중앙처리장치가 존재한다는 근거는 이미 많은 연구에서 보고된 바 있습니다. 그중 대표 사례로 심리언어학자인 프랭크 스미스(Frank Smith)의 연구 결과를 꼽을 수 있습니다.[5]

그는 영어와 프랑스어를 구사하는 이중언어 화자에게 두 언어가 섞여 있는 자료를 읽게 한 후, 영어와 프랑스어로 읽은 내용을 각각 구분하게 했습니다. 참가자들은 자료에서 읽은 내용은 기억했지만 그 내용이 어떤 언어로 적혀 있었는지는 떠올리지 못했죠. 이 연구 결과는 우리가 정보의 내용은 기억하지만, 그 정보가 어느 채널로 들어왔는지는 기억하지 못한다는 것을 보여 줍니다. 즉 일단 정보가 들어오면 영어 채널로 들어왔든 한국어 채널로 들어왔든 관계없이 우리 머릿속의 중앙처리장치에서 일괄적으로 처리하기 때문임을 알 수 있습니다.

영어 독해력의 바탕은 한국어 독해력이다

영어 읽기 능력과 한국어 읽기 능력의 상관관계

우리 머릿속에 한국어와 영어를 동시에 관장하는 중앙처리장치가 있다면 두 언어 능력 사이에는 높은 상관관계가 나타나야 합니다. 이와 관련해 한국 중·고등학교 학생들을 대상으로 한국어 읽기 능력과 영어 읽기 능력의 상관관계를 연구한 논문이 있습니다.[6]

이 논문에 따르면, 학생들의 영어 실력을 10단계로 나눴을 때 3단계까지는 영어와 한국어 사이의 상관관계가 미미했지만, 4단계 이후부터는 두 언어가 서로에게 미치는 영향력이 점점 증가하는 것으로 나타났습니다. 즉 영어 수준이 낮은 단계에서는 한국어 읽기 능력의 영향이 미미하지만, 영어 실력이 높아질수록 한국어 읽기 능력의 차이가 영어 읽기 능력에 커다란 영향을 미치는 것입니다.

한국어로 쌓은 배경 지식은 영어 학습의 자산이다

영어를 배울 때 한국어로 쌓은 배경 지식은 커다란 자산이 됩니다. 특히 영어 듣기와 읽기 과정에서는 배경 지식의 유무가 결정적 영향을 미칩니다. 익히 잘 아는 내용을 영어로 읽거나 들으면 쉽게 이해가 됩니다. 영어와 한국어는 코드, 즉 문자와 소리가 다르고 들어오는 채널도 다르지만, 그 내용을 파악하고 처리하는 시스템은 하나입니다. 이런 이유로 한국어 읽기로 습득한 배경 지식이 영어 학습에 활용될 수 있습니다.

한국어로 쌓은 어휘력도 영어 학습에 큰 자산이 됩니다. 예를 들어 '민주주의'라는 개념을 한국어로 이미 배운 아이는 이 개념이 중앙처리장치에 저장돼 있어서 영어 코드 democracy를 암기만 하면 학습이 끝납니다. 그러나 한국어에서 이 개념을 배우지 않은 아이라면 영어를 배울 때 단어의 암기뿐 아니라 의미 개념도 함께 배워야 하므로 영어가 매우 어렵게 느껴질 수밖에 없습니다.

한국어 실력 향상이 먼저다

한국어 실력은 영어를 배우는 데 초석이 됩니다. 한국어로 쌓은 개념 지식과 추론 능력, 사고력 등은 영어 읽기에도 그대로 사용되기 때문에 한국어 읽기 능력이 탄탄하면 영어 읽기도 잘할 수 있고, 반대로 한국어 읽기 능력이 떨어지면 영어도 일정 수준 이상 올라가기 어렵습니다. 따라서 영어 읽기 능력을 끌어올리고 싶다면 먼저 한국어 읽기 능력을 탄탄하게 키워야 합니다.

적지 않은 부모들이 한국어는 한국 사람이라면 누구나 할 수 있으니까 특별한 노력을 안 해도 잘할 수 있다고 생각합니다. 물론 우리 눈에 보이는 일상생활의 언어는 특별한 노력 없이도 잘할 수 있습니다. 하지만 학업에 필요한 콘텐츠 언어 능력은 독서와 같은 특별한 노력을 통해 길러집니다. 한글로 된 책 읽기를 영어책 읽기보다 우선해야 하는 이유입니다. 한국어 능력을 가볍게 치부해 우리 책 읽기를 소홀히 하고 유아기부터 영어 공부에만 집중한다면, 결과적으로 영어 실력을 일정 수준 이상으로 끌어올리기 힘듭니다.

한국어책 읽기, 다독할까, 정독할까?

다독과 정독의 논쟁

한국어 독해력을 키우려면 다독을 해야 할까요, 아니면 정독을 해야 할까요? 다독(多讀)은 문자 그대로 다양한 주제의 책을 많이 읽는 것이고, 정독(精讀)은 글의 세부 사항까지 정확하고 자세히 읽는 것입니다. 두 가지 중 어떤 방법이 좋을까요? 답은 다양한 책을 두루 읽는 다독입니다.

일반적으로 사고력이나 언어 능력을 향상시키는 방법으로 다독을 권장합니다. 그런데 최근에 일부 학부모들 사이에 다독과 정독에 대한 찬반 논쟁이 일었고, 독해력을 키우기 위해서는 정독을 해야 한다는 주장이 힘을 얻고 있습니다. 다양한 책을 많이 읽었음에도 정작 국어시험에서 기대만큼 점수를 받지 못하는 학생들이 적지 않았기 때문입니다.

정독 찬성론자들은 이 학생들이 책을 많이 읽었으나 독해력이 부족한 이유는 책을 정독하지 않고 대충 읽었기 때문이라고 판단합니다. 몇몇 학부모는 아이의 독해력을 키우려면 아예 어릴 때부터 정독을 시켜야 한다고 말하기도 합니다. 처음부터 정독하는 습관을 길러야 공부를 질하게 된다는 겁니다.

정독하면 독해 문제를 잘 풀 수 있을까?

독서의 첫 단계부터 정독하는 것이 과연 좋은 방법일까요? 정독하면 정말 독해력을 키울 수 있을까요? 대답은 '아니요'입니다. 우선 다음의 글을 읽어봅시다.

어느 작은 도시에 사람을 공격하고 소음을 일으키는 쥐가 너무 많아져서 쥐는 사람들의 골칫거리가 되었습니다. 그러던 어느 날 피리 부는 사나이가 시장 앞에 나타나 금화 천 냥을 주면 쥐를 없애 주겠다고 제안하였고, 시장(市長)은 그 제안을 받아들였습니다. 사나이는 마법 피리를 불어서 쥐를 모두 강으로 빠뜨려 없앴습니다. 그러나 시장은 약속한 돈을 주지 않았습니다. 그 후 사나이는 마법 피리를 불어서 도시의 어린이들을 모두 데리고 외딴 동굴로 들어갔고, 아이들은 영원히 돌아오지 않았다고 합니다.

중세시대에 독일의 도시 하멜른의 전설을 토대로 한 동화 『피리 부는 사나이』를 요약한 글입니다. 피리 부는 사나이는 왜 어린이들을 데리고 사라졌을까요? 이 이야기의 주제는 무엇일까요? 이것이 독해 문제입니다. 그러나 글을 아무리 자세하게 여러 번 읽어도 이들 질문에 대한 답은 찾을 수가 없습니다. 즉, 정독한다고 독해 문제를 해결할 수 있는 것은 아닙니다. 그렇다면 해결책은 무엇일까요?

독해력의 진짜 문제는 스키마에 있다

스키마란 무엇인가?

독해력을 키우는 데 정독이 해결책이 아니라면, 다독했음에도 불구하고 독해력이 부족한 아이들은 어떻게 이해해야 할까요? 즉, 다독도 정독도 독해 문제에 대한 해결책이 아니라면 도대체 무엇이 문제인 걸까요? 이 아이들의 문제는 독해에 필요한 스키마(schema)를 제대로 키우지 못한 데에 있습니다.

스키마란 정보를 이해하고 조직화하는 데 필요한 시스템 또는 틀을 말합니다. 컴퓨터 바탕화면을 떠올리면 이해하기 쉽습니다. 컴퓨터 파일 개수가 적을 때는 모니터 바탕화면에 죽 늘어놔도 필요한 파일을 금방 찾을 수 있죠. 그런데 파일이 3천 개라면 어떨까요? 제한된 시간 내에 필요한 파일을 찾기 어렵습니다. 그래서 우리는 폴더를 만들어서 체계적으로 파일을 정리합니다. 도서관도 마찬가지죠. 50만 권의 책을 분류 체계 없이 보관한다면 필요할 때 원하는 책을 찾을 수 없습니다.

이렇게 컴퓨터 폴더 관리나 도서관의 도서 분류처럼 머릿속의 지식을 구조화 또는 체계화하는 틀을 스키마라고 합니다. 스키마가 잘 발달한 사람은 지식이 체계적으로 정리돼 있어서 글의 내용을 빠르게 이해할 수 있고 새로운 지식도 쉽게 기억에 저장할 수 있습니다.

다음 그림은 스키마의 개념을 도형으로 표현한 것입니다.[7] 위쪽 그림은 체계 없이 기계적으로 암기하는 사람의 지식 저장고이고, 아랫쪽 그림은 스키마가 잘 발달한 사람의 지식 저장고입니다. 위쪽 그림처럼 마구 잡이로 저장해 놓은 내용은 단기 기억에 머물다가 시간이 지나면 점차 사라집니다. 그러나 스키마를 활용해 저장한 지식은 오래 기억할 수 있습니다. 지식이 증가해도 체계적으로 차곡차곡 저장되기 때문에 많은 정보를 기억할 수 있고, 저장된 지식을 기억에서 꺼내 쓰기도 쉽습니다.

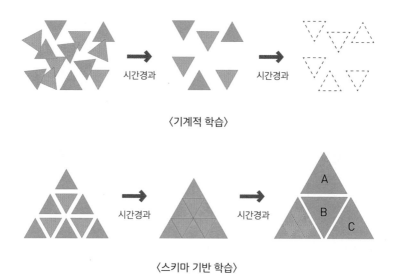

〈기계적 학습〉

〈스키마 기반 학습〉

만약 중간고사 성적은 좋은데 모의고사 성적이 낮은 학생이 있다면 스키마 문제일 가능성이 큽니다. 중간고사는 암기할 분량이 상대적으로 적기 때문에 기계적으로 외워도 기억 창고에서 꺼내 쓰기가 비교적 수월합니다. 그러나 방대한 학습 내용을 측정하는 모의고사에서는 체계 없이 암기한 내용이 소실되었거나 또는 남아 있더라도 뒤죽박죽 섞여 있다 보니 필요한 내용을 찾아내기가 어렵습니다. 만약 책을 많이 읽는데도 독

해 문제가 어렵다면, 이는 정독이냐 다독이냐의 문제가 아니라 스키마의
문제일 수 있습니다.

다독이 스키마를 키운다

독해를 잘하려면 어휘력뿐만 아니라 이해력과 추론 능력이 동시에 필
요합니다. 단어의 뜻을 정확히 알아도 전체 내용을 이해하지 못하면 글
을 읽었다고 말하기 어렵죠. 단어 조각들을 끼워 맞춰서 글 전체의 의미나
글쓴이의 의도를 파악하려면 자신의 배경 지식을 활용해 행간의 의미를
추론할 수 있어야 합니다. 이 과정에서 필요한 것이 바로 '스키마'입니다.

스키마는 책을 읽는 과정에서 조금씩 성장합니다. 이야기책을 많이
읽으면 '발단-전개-절정-결말' 같은 이야기 구조를 자연스럽게 익히게 됩
니다. 어린이는 이 구조를 익히면서 하나의 스키마를 만들게 됩니다. 이
렇게 생성된 스키마를 기반으로 다른 책을 읽으면 책의 내용을 이해하기
가 쉽고, 결과적으로 독해력도 발달합니다. 요컨대 다독을 통해 스키마
를 키워야 하고, 이렇게 키운 스키마를 바탕으로 정독할 때 제대로 된 독
해를 할 수 있습니다.

진정한 정독이란 글을 천천히 자세하게 읽는 것이 아니라, 내용을 정
확히 이해하고 그 내용을 유기적으로 조직하며 읽는 것입니다. 만약 역

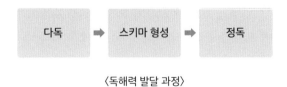

〈독해력 발달 과정〉

사책을 정독했다면 그 내용을 연대기로 재구성할 수 있어야 제대로 된 독서를 했다고 말할 수 있습니다. 즉 정독을 잘하려면 문장과 문장 사이의 빈 여백을 메울 수 있는 배경 지식이 필요하고, 새로 읽은 내용을 기존 지식과 연결해 주는 체계화된 지식 저장고가 머릿속에 있어야 합니다.

이때 배경 지식을 '내용 스키마'라고 하고, 지식 저장고를 '형식 스키마'라고 말하기도 합니다. 요컨대 정독을 제대로 하려면 스키마가 잘 발달해 있어야 하고, 이 스키마를 키우려면 다독이 선행돼야 합니다.

다독을 했음에도 독해력이 부족하다면?

많은 책을 읽었음에도 독해력이 부족한 아이들의 문제는 무엇일까요? 왜 다독을 했는데도 스키마가 키워지지 않은 걸까요? 자신의 수준에 맞지 않는 어려운 책을 읽었기 때문입니다. 이러한 사례는 어릴 때는 책을 읽지 않다가 초등학교 고학년 이후에 책을 읽기 시작한 경우에 흔히 발견됩니다. 기초적인 스키마가 형성되지 않은 상태에서 자신의 독서 능력보다 높은 수준의 책을 읽으니 내용을 소화하지 못하고, 결국 아무리 책을 읽어도 스키마가 자라지 않은 것이죠.

다독은 겉핥기식 독서나 속독과는 다릅니다. 다독이란 책의 중심 내용을 파악하면서 읽는 것이지, 내용도 파악하지 않고 대충 읽거나 빨리 읽는 것이 아닙니다. 자신의 스키마 수준에 맞지 않는 어려운 책을 읽는 것은 다독이 아니라 눈으로만 글자를 읽는 것에 불과합니다. 독해력을 키우고 싶다면 자신이 소화할 수 있는 수준의 책을 읽어서 스키마를 조금씩 키워 가야 합니다.

3부

•

영어 실력의 원천은
읽기 능력

•

1장
·
영어책 읽기는
최고의 영어 교육법

영어 학습의 핵심은 패턴을 익히는 것입니다. 듣기와 말하기는 영어의 패턴을 음성언어로 표현하는 것이고, 읽기와 쓰기는 영어의 패턴을 문자언어로 표현하는 것입니다. 영어를 10년 이상 공부하고도 영어 회화를 어려워하는 이유는 말하기를 충분히 연습하지 않아서가 아니라 영어의 패턴을 익히지 못했기 때문입니다. 영어를 외국어로 배우는 우리나라와 같은 환경에서 영어의 패턴을 익히기에 가장 효과적인 방법은 영어책 읽기입니다. 영어책에는 영어 학습에 필요한 모든 요소가 담겨 있습니다.

과거 읽기 중심의 영어 교육이 실패한 이유

영어 읽기가 아닌 문장 분석 방법을 가르쳤다

우리나라에서 영어 말하기 교육을 강조하게 된 계기 중 하나는 읽기 중심의 영어 교육이 실패했기 때문일 겁니다. 하지만 엄밀히 말하면 읽기 중심의 영어 교육은 문제가 없습니다. 진짜 문제는 영어 읽기를 가르치는 방식에 있었지요. 영어를 문장 단위로 분석하고 한국어로 번역하는 교육 방식이 영어 학습을 어렵게 만든 주범입니다.

과거 우리나라 영어 교육은 글의 의미를 파악하는 '읽기'가 아니라 '문장 분석법'을 가르쳤다고 해도 과언이 아닙니다. 지금도 과거와 크게 다르지 않은 것 같습니다. 최근에 모 방송 프로그램에서 중학생을 위한 영어 독해 강의를 우연히 시청하게 됐는데, 학생들이 강사의 설명을 이해할 수 있을까 싶을 정도로 어려운 문법 용어들이 연이어 등장했습니다. 예를 들면 다음과 같은 식입니다.

I learned a long time ago that it is a waste of time to try to sell real answers to anyone who just wants to buy echoes.

(강사의 설명)
이 문장은 3형식 문장으로 that절은 동사 learned의 목적어절인 명사절입니다. that절에서 it은 형식상의 주어이고 부정사 to try로 시작하는 부분이 진주어입니다. 그리고 that절에서 a waste of time은 보어입니다. 맨 뒤의 who로 시작하는 절은 주어 관계절로서 선행사인 anyone을 수식합니다. sell 은 4형식 동사로 answers가 직접목적어이고 anyone은 간접목적어입니다.

학생들이 이 설명을 이해하려면 문장의 형식은 물론이고, '명사절, 부정사, 형식상의 주어, 진주어, 관계절, 보어, 선행사'처럼 매우 어려운 문법 용어를 먼저 알아야 합니다. 학생들에게 필요한 것은 문장의 의미를 파악하는 것인데, 어려운 문법 용어들을 먼저 익혀야 하니 미궁에 빠질 수밖에 없습니다.

사실 문장의 형식이나 문법 용어는 영어가 모국어인 사람들도 잘 알지 못합니다. 문법 용어는 언어학자들이 언어를 분석하고 설명하기 위해 고안해 낸 용어여서 언어 사용자가 꼭 알아야 할 필요는 없습니다. 이는 마치 운전을 배우려는 사람에게 엔진의 작동 원리나 자동차 부품의 모든 명칭을 가르치는 것과 마찬가지입니다. 다시 말해 과거에 읽기 교육이 실패한 것은 말의 의미보다는 문법과 형태를 중시한 분석적인 영어 교수법에 그 원인이 있었다고 할 수 있습니다.

음성언어와 분리된 읽기 교육이 문제였다

과거 영어 교육의 또 다른 문제는 학생들의 듣기 능력이 읽기 능력보다 턱없이 낮다는 점이었습니다. 주된 원인은 문자언어와 음성언어를 따로따로 가르쳤기 때문입니다. 과거의 영어 교육에서는 문장을 읽고 우리말로 번역하는 데 중점을 뒀습니다. 문자를 소리와 함께 배우지 않았기 때문에 문장을 읽을 수는 있지만, 정작 같은 내용을 음성으로 들으면 이해하지 못했습니다.

과거와 달리 지금은 멀티미디어의 발달로 다양한 시청각 자료를 활용할 수 있습니다. 이러한 시청각 자료를 활용해 읽기와 듣기를 동시에 배운다면, 적어도 듣기 능력이 지나치게 뒤처지는 문제는 해결할 수 있습니다. 예를 들어, 영어 읽기를 처음 시작하는 단계부터 오디오 음원을 들으며 책을 읽으면 영어 듣기도 자연스럽게 해결됩니다.

영어책 읽기의 힘

영어책은 영어 학습을 위한 완전식품이다

몸이 건강해지려면 어떻게 해야 할까요? 많은 전문가가 '걷기'를 추천합니다. 특히 의사들은 심장병과 당뇨병, 골다공증, 위장병, 고혈압, 목 디스크 등 거의 모든 병에 '걷기'만큼 좋은 것이 없다고 입을 모읍니다.

신기한 일이죠? 병의 원인은 모두 제각각일 텐데 놀랍게도 처방은 똑같으니까요. 하지만 조금만 생각해 보면 그리 놀랄 일도 아닙니다. 걷기는 모든 신체 기관이 함께 움직이는 전신운동입니다. 걷기만 해도 건강해지는 이유입니다.

영어책 읽기도 걷기와 유사합니다. 영어책을 읽으면 어휘와 문법, 어법, 독해력 등이 모두 해결됩니다. 영어책은 모든 영양소가 골고루 들어 있는 완전식품처럼 영어 학습에 필요한 모든 요소가 들어 있기 때문이죠. 재미는 덤으로 따라옵니다. 영어를 배우는 이유가 무엇이든, 영어를 잘하고 싶다면 최고의 처방은 영어책 읽기입니다.

고혈압?
심장병?
골다공증?
목디스크?
당뇨병?

건강하고 싶다면 걸어라

어휘?
문법?
어법?
독해력?
문화?

영어를 잘하고 싶다면 영어책을 읽어라

풍부한 어휘력을 키운다

어휘는 영어 실력의 초석이라고 해도 과언이 아닙니다. 어휘력이 있어야 독해도 잘할 수 있고, 수준 높은 회화도 가능하며, 글쓰기도 잘할 수 있으니까요. 이렇게 중요한 어휘력을 늘리는 가장 좋은 방법은 단연 책 읽기입니다. 일상 대화나 TV 드라마와 같은 회화체 영어에서는 접할 수 없는 풍부한 단어를 책에서는 만날 수 있습니다.

아래 그래프는 영어를 음성으로 들을 때와 책으로 읽을 때 저빈도 단어를 몇 개나 접할 수 있는지 숫자로 보여 줍니다. 저빈도 단어란 일상에서 자주 접하기 어려운 단어를 말합니다.[8]

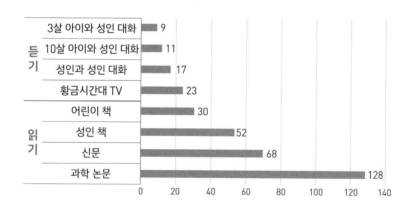

〈단어 1천 개당 저빈도 단어의 수〉

그래프를 보면 단어 1천 개당 나타나는 저빈도 단어의 수가 읽기 자료에 훨씬 많다는 것을 확인할 수 있습니다. 예를 들어 열 살 어린이가 성인과 대화를 나누면 11개의 저빈도 단어를 접하지만, 어린이 책을 읽으면

30개의 저빈도 단어를 읽게 됩니다. 또한 성인 책, 신문, 과학 논문 등 글의 수준이 점점 높아질수록 더 많은 저빈도 단어를 접하게 됩니다.

잘 사용하지 않는 저빈도 단어를 배워야 하는 이유는 무엇일까요? 저빈도 단어를 모르면 말이나 글의 핵심 내용을 놓칠 수 있기 때문입니다. 그리고 어휘력이 부족하면 학교 교육도 따라가기 어렵습니다. 신문도 읽고 뉴스도 알아들으려면 당연히 저빈도 단어를 배워야 합니다.

영어책은 말하기의 콘텐츠를 제공한다

우리는 영어가 유창하다고 하면 원어민처럼 막힘없이 술술 말하는 사람을 떠올립니다. 그러나 아무리 말하는 솜씨가 매끄러워도 그 내용이 부실하다면 유창하다고 할 수 없겠죠. 진정한 유창성은 의미 있는 내용을 수반해야 합니다.

말하기를 잘하려면 콘텐츠를 충분히 갖춰야 합니다. 생활 영어를 잘하는 것도 중요하지만, 어떤 이슈에 대해 심도 있는 토론까지 가능하다면 금상첨화겠죠. 토론이란 자신의 생각을 논리정연하게 표현하는 것인데, 그 실력은 영어책 읽기를 통해 키울 수 있습니다. 독서를 통해 다양한 표현을 익히고 배경 지식도 쌓으면 말하기 내용이 훨씬 풍부해지니까요.

영어책은 글쓰기의 모델이 된다

읽기 자료에는 풍부한 어휘뿐만 아니라, 회화체 언어에서 접하기 어려운 다양한 구문과 정련된 고급 표현이 포함돼 있습니다. 훌륭한 작품의 글은 어휘가 풍부하고 문장 구조가 탄탄하며 글의 전개가 매끄럽고 논리적입니다. 영어의 마술사라고 할 수 있는 훌륭한 작가들이 쓴 글은 영어 학습자가 보고 배워야 할 최고의 글쓰기 모델입니다.

영어는 한글과 표현 방법이 달라서 영어식 표현에 익숙해지려면 영어책을 많이 읽는 것이 중요합니다. 일례로 영어 작문 수업에서 대학생들이 쓴 글을 읽어 보면, 문법적으로는 맞지만 원어민들이 사용하지 않는 어색한 표현이 제법 많습니다. 영어책보다는 영어 문법책을 더 많이 읽은 결과이지요. 영어 글쓰기를 잘하려면 훌륭한 글을 읽고 이를 모델로 글쓰기 연습을 하는 것이 최선의 방법입니다.

영어책 읽기로 담화 구성 능력을 키운다

'담화 구성 능력'이란 문장과 문장, 그리고 문단과 문단을 조화롭게 연결해 의미 있는 말이나 글로 구성하는 능력을 뜻합니다. 영어 글쓰기를 잘하려면 어휘력과 문법 지식도 필요하지만, 담화 구성 능력이 탄탄해야 합니다. 글을 잘 쓰려면 문장과 문장을 주제에 맞게 유기적으로 연결하고, 문단과 문단을 논리적으로 연결하는 능력이 필요합니다. 말도 잘하려면 내용이 조화롭게 연결되어야 합니다.

예를 들어, 누군가 'I'd like to drink some apple juice. But my father is a teacher(나는 사과 주스를 마시고 싶어. 하지만 우리 아버지는 선생님이야).'라고 말했다면 담화 구성 능력이 부족한 것입니다. But이라는 접속사로 연결한 두 문장이 논리적으로 아무런 연관 관계가 없기 때문이죠. 말과 글의 핵심인 담화 구성 능력은 짧은 호흡으로 이뤄지는 일상생활 대화보다는, 책 읽기를 통해 더 효율적으로 키울 수 있습니다.

영어책 읽기의 교육적 가치

영어책은 단순히 영어 교육에만 효과가 있는 것이 아닙니다. 아이들에게 영어책은 또 다른 세계를 경험하는 여행과도 같습니다. 영어책 읽기를 통해 다양한 문화와 새로운 관점을 접하고, 세상의 수많은 지식을 배우며, 유연한 사고와 창의력을 키울 수 있죠. 이렇듯 영어책은 그 자체로도 훌륭한 교육적 가치가 있습니다.

영어책 읽기, 다독할까, 정독할까?

읽기 목적과 내용에 따라 다르다

영어책을 읽는 목적에는 크게 두 가지가 있습니다. 하나는 영어를 배우기 위해서이고, 다른 하나는 지식이나 정보를 습득하기 위해서입니다. 일반적으로 영어를 배울 목적으로 책을 읽을 때는 다독을 해야 하고, 전문 분야의 지식을 습득하려고 한다면 정독이 효율적입니다.

책의 내용에 따라 다독과 정독을 달리 적용하는 요령도 필요합니다. 일반적으로 소설류는 다독하면서 독해력과 어휘력을 키우는 것이 좋습니다. 반면에 정보가 많은 책은 정독을 통해 지식을 습득하는 것이 좋은 방법입니다.

초등학생들은 다독이 먼저다

우리나라 초등학생들이 영어책을 읽는 이유는 영어를 배우기 위해서입니다. 그렇다면 다독이 올바른 방법이겠죠. 그런데 일부에서는 초등학생들이 어휘와 문법을 제대로 배우려면 정독을 우선해야 한다고 말합니다. 정말 그럴까요?

영어 학습에서는 영어를 접하는 양이 매우 중요합니다. 많이 듣고 많이 읽으면 영어 표현에 익숙해집니다. 단어나 문장 패턴에도 익숙해지죠. 그러므로 영어를 배우는 어린이에게 급선무는 다독을 통해 영어 어휘와 문장 패턴을 익히는 것입니다.

반대로 영어책을 정독하면 어떨까요? 읽는 양이 줄어들게 됩니다. 읽는 양이 줄면 영어 실력이 향상되지 않습니다. 결정적으로 영어를 이제 막 배우기 시작한 학생들은 정독할 능력이 없습니다. 초기 학습자는 단어도 문법도 잘 모르기 때문에 영어책을 정확하게 읽을 수가 없죠. 정독을 하려면 the가 어떤 기능을 하는지, to가 무슨 뜻인지 모두 알아야 하는데, 초기 학습자는 이러한 지식이 아직 없는 상태여서 정독을 한다는 것 자체가 불가능합니다.

생각보다 많은 학부모가 다독에 중점을 두면 영어 시험에서 좋은 성적을 받지 못할까 봐 걱정합니다. 그래서 영어 그림책조차도 정확히 읽도록 강요합니다. 물론 독해 문제를 잘 풀려면 지문을 정독하는 능력이 필요합니다. 하지만 먼저 다독을 통해 영어 기초 실력을 키운 후에야 정독이 가능하다는 사실을 잊어서는 안 됩니다.

> 먼저 다독을 통해
> 영어 기초 실력을 키운 후에야
> 정독이 가능하다는 사실을
> 잊어서는 안 됩니다.

2장

·

영어 이야기책의 마법

인간은 어린이든 어른이든 모두 이야기를 좋아합니다. 『스토리텔링 애니멀(Storytelling Animal)』의 저자인 조너선 갓셜(Jonathan Gottschall)에 따르면 인간에게는 '이야기를 좋아하는 유전 인자'가 있다고 합니다. 영어 이야기책에는 인간이 본능적으로 좋아하는 이야기가 가득 담겨 있습니다. 영어책 중에서도 영어 이야기책이 영어 학습에 가장 효과적인 이유입니다.

이야기는 두뇌를 활성화시킨다

기계적인 반복 연습은 뇌를 깨우지 못한다

영어를 배우려면 반복 연습이 필수입니다. 예를 들어, Where are you going? I'm going home.이라는 표현을 암기하려면 열 번 이상 반복해야 합니다. 그런데 수없이 반복해 암기한 문장이 실제 대화에서는 잘 떠오르지 않습니다. 왜 그럴까요? 기계적으로 반복한 대화문은 죽어 있는 언어라서 우리의 뇌를 활성화하지 못하기 때문입니다.

우리 뇌는 무의미한 반복 연습에 흥미를 느끼지 못합니다. 뇌 과학자들에 따르면 인간의 뇌는 변화를 감지하거나 새로운 정보가 있을 때만 집중한다고 합니다. 예를 들어 정원에 새가 날아 들어오는 장면을 볼 때 뇌는 움직이는 새에 집중합니다. 움직이지도 않고 변화도 없는 나무에는 관심이 없습니다. 우리 뇌는 현관문의 센서등과 유사합니다. 평상시에는 꺼져 있다가 어떤 변화가 감지될 때만 활성화되니까요.

여러분은 똑같은 이야기를 반복적으로 들으면 어떻게 반응하나요? 보통은 두 번째부터 딴생각을 하게 됩니다. 새로운 정보가 없기 때문에 뇌가 흥미를 느끼지 못해 집중하지 않는 것이죠. 뇌를 활성화하려면 새로운 무언가가 있어야 합니다. 영어 학습에도 이와 같은 원리가 적용됩니다.

똑같은 표현을 의미 없이 반복하면 뇌는 점점 흥미를 잃고 집중력이 떨어집니다. 기계적으로 반복하는 영어는 살아 있는 영어가 아니라서 뇌에 잘 입력되지 못합니다. 입으로만 반복하는 내용은 어쩌면 입에서만 머물다 사라지는 건지도 모르겠습니다.

아이의 두뇌를 활성화시키는 이야기책

영어 이야기책으로 영어를 배우면 뇌가 활성화될까요? 네, 활성화됩니다. 이야기책에도 동일한 단어와 동일한 문장이 반복적으로 등장합니다. 하지만 어린이들은 오히려 즐겁게 책을 읽죠. 왜냐하면 이야기책에 나오는 반복적인 표현들은 영어 수업에서 하는 기계적인 반복과는 질적으로 다르기 때문입니다.

어린이들은 이야기책을 읽을 때 영어가 아니라 내용에 집중합니다. 영어 표현은 반복되지만 이야기 내용은 계속 달라지기 때문이죠. 마치 그릇은 똑같은데 그 안에 담기는 음식이 계속 달라지는 것과 같습니다. 이야기가 전개되는 과정에서 계속 새로운 내용을 담기 때문에 문장이 반복되어도 살아 움직이는 것 같습니다. 이야기책으로 영어를 배울 때 우리 뇌가 활성화되는 이유입니다.

이야기는 기억을 남긴다

인간의 두뇌는 이야기를 기억한다

인류 역사에서 문자 없이 입에서 입으로 전해진 것이 바로 이야기와 노래입니다. 노래만큼이나 이야기도 기억하기 쉽다는 뜻입니다. 단적인 예로 사람들에게 단어 30개를 들려주고 다시 말해 보라고 하면 어떨까요? 대부분은 기억하지 못할 겁니다. 반면에 이야기로 들려주면 단어가 100개 넘게 포함돼 있어도 대부분 이야기를 기억해 냅니다.

이야기가 언어 학습에서 큰 효과를 발휘한다는 연구 결과는 무수히 많습니다. 대표적으로 미국 스탠퍼드대학교 심리학과 고든 바우어(Gordon Bower) 교수와 마이클 클락(Michael Clark) 교수의 실험을 꼽을 수 있죠.[9] 이들은 이야기가 단어 암기에 정말 효과적인지를 확인하기 위해 A그룹 학생들에게는 단어를 이야기로 만들어서 기억하게 하고, B그룹 학생들에게는 단어를 목록으로 제시해 외우도록 했습니다.

결과는 어땠을까요? 실험이 끝난 후 어휘 평가를 했는데, 이야기로 단어를 외운 A그룹 학생들이 목록으로 단어를 외운 B그룹보다 6배 이상 단어를 잘 기억했다고 합니다. 이야기로 언어 학습을 했을 때 학습자들은 더욱 흥미를 갖고 언어를 대하게 되고, 그 결과 언어 정보를 효과적으로 저장해 오랫동안 기억할 수 있게 된 것입니다. 이러한 이야기의 장점을 영어 학습에 활용하면 보다 효율적으로 영어를 배울 수 있습니다.

이야기책은 경험이다

어떤 내용이든 직접 경험한 것은 오래 기억에 남습니다. 단순히 외우기만 한 과학 지식은 쉽게 잊어버리지만, 직접 실험으로 체험한 내용은 뇌리에 콕 박히는 법이죠. 이야기는 어떨까요? 직접 경험한 것은 아니지만 감정이입을 통해 직접 경험에 가까운 간접 경험을 하게 해 줍니다.

모든 이야기에는 구조가 있습니다. 처음에는 주인공이나 배경에 관해 설명하고, 그다음에는 어떤 사건이 일어나서 문제가 생기고 긴장이 고조되죠. 그 이후에는 문제가 해결되면서 이야기는 끝이 납니다. 이러한 이야기의 구조는 등산과 유사합니다. 우리는 직접 땀을 흘리며 바위를 오르고 풀 냄새를 맡으면서 정상까지 올랐다가 내려와야 등산을 했다고 말합니다. 아래에서 산을 올려다보는 것은 구경하는 것에 지나지 않죠. 이야기책을 읽는 독자도 이야기를 구경하는 것이 아니라 직접 등산을 하는 것과 같은 체험을 합니다.

〈이야기의 구조〉

어린이들은 이야기책을 읽으며 주인공과 함께 감정을 나누고 이야기가 전개되는 과정에 참여합니다. 특히 어린이 영어책의 등장인물은 대부분 또래 어린이이거나 의인화된 동물이기 때문에 아이들은 자연스럽게 감정이입을 합니다. 때때로 주인공과 자신을 동일시하기도 합니다. 주인공이 위기에 빠지면 같이 괴로워하고, 앞으로 어떤 일이 일어날지 궁금해하며, 문제가 해결되면 마치 자기 일처럼 기뻐합니다.

비록 책 속의 이야기에 불과하지만, 아이들에게는 직접 산을 오른 것처럼 생생한 경험이어서 기억에 오랫동안 남습니다. 교실 수업에서 암기한 영어 표현은 금방 잊어버립니다. 그러나 영어 이야기책에서 배운 표현은 실제 경험한 것처럼 생생하게 뇌리에 남아서 실제 의사소통할 때 활용할 수 있습니다.

문법이 스스로 자라난다

문법은 물을 주면 돋아나는 새싹과 같다

어린이 영어 교육학자이자 영국 개방대학교(Open University) 교수인 린 캐머런(Lynne Cameron)은 문법을 '물을 주면 돋아나는 새싹'에 비유합니다. 여기서 '물'이란 '이해 가능한 입력'을 뜻합니다. 어린이는 이해 가능한 입력을 충분히 받으면 누가 가르쳐 주지 않아도 문법을 스스로 터득합니다. 캐머런 교수는 문법을 밖에서 주입하는 것이 아닌, 어린이의 생각 속에서 스스로 자라나는 것이라고 강조합니다. 즉 문법은 가르치는 것이 아니라 스스로 터득하는 것입니다.

문법 용어를 몰라도 문법을 터득한다

문장 형식을 배우지도 않았고 문법 용어를 아는 것도 아닌데 어떻게 문법을 익힐 수 있을까요? 도대체 문법이 어떻게 스스로 자라난다는 걸까요? 아이들은 영어 이야기책을 읽는 과정에서 영어 문장의 패턴을 찾아냅니다. 이 패턴이 문법입니다.

예를 들어, There was an old lady who swallowed a fly.라는 문장을 문법-번역식으로 가르치려면 주절, 관계절, 선행사, 유도부사와 같은 어려운 용어를 사용해야 합니다. 그러나 그림책으로 배운다면 복잡한 설명을 곁들일 필요가 없습니다. 그림과 함께 읽으면 그 뜻을 어느 정도 유추할 수 있으니까요.

다음은 영어 동요 There Was an Old Lady Who Swallowed a Fly(파리를 삼킨 할머니)에 삽화를 그려 넣은 그림책의 표지입니다. 표지의 그림만 봐도 책 제목의 뜻을 대략 유추할 수 있죠.

이 책에는 같은 문장 패턴이 그림과 함께 계속 반복적으로 나옵니다. 아이들은 이야기를 따라가면서 자기도 모르게 이 문장의 패턴에 익숙해집니다. 즉 '관계절'이 무엇인지 잘 몰라도 관계절 패턴에 저절로 익숙해집니다.

이처럼 굳이 어려운 용어를 써 가며 문법을 가르치지 않아도 어린이들은 영어책을 읽는 과정에서 문법을 스스로 터득하고 배웁니다. 아이의 수준에 맞는 쉬운 책부터 시작하여 영어책 단계를 차츰 높여 나가면 다양한 영어 패턴을 자연스럽게 터득할 수 있습니다. 요컨대 문법을 배우는 가장 효과적인 방법은 영어책을 읽는 것입니다.

3장
•
파닉스는
기초만 알면 충분하다

파닉스는 철자와 소리 사이의 규칙을 말합니다. 즉 단어를 소리 내어 읽을 때 문자를 해독하는 규칙입니다. 영어가 모국어인 미국에서는 수십 년간 파닉스 교육을 두고 찬성론자와 반대론자 사이에 첨예한 대립이 이어졌습니다. 이 대립은 '읽기 전쟁(The Reading War)'이라고 불리며 미국 국회에 토론 안건으로 상정될 만큼 뜨거운 논쟁거리였죠.

이처럼 파닉스 교육에 대한 찬반 논쟁이 뜨거운 이유는 파닉스가 정말 효과적인 읽기 교육법인지 판단이 안 될 정도로 영어 철자와 소리의 관계가 너무 복잡하고 예외도 많기 때문입니다. 그렇다면 이렇게 찬반 논란이 있는 파닉스를 우리 아이들에게 가르쳐야 할까요? 기초 수준의 파닉스 규칙만 배우면 충분합니다.

파닉스 지도, 무엇이 문제인가?

영어는 철자와 소리의 관계가 너무 복잡하다

영어는 모든 언어를 통틀어 철자와 소리의 관계가 아주 복잡하기로 악명이 높습니다. 얼마나 복잡한지는 아래의 예시만 봐도 금방 알 수 있죠. 하나의 철자가 여러 소리를 내기도 하고, 서로 다른 철자가 같은 소리를 내기도 합니다. 또한 두 개의 철자가 모여 하나의 소리를 내는가 하면, 어떤 철자는 아예 소리가 사라지기도 합니다.

철자와 소리의 관계	철자 → 소리	단어 예시
하나의 철자가 여러 소리를 낸다	a → [ə], [æ], [ey]	was, cat, bake
서로 다른 철자가 같은 소리를 낸다	c, k, q → [k]	cake, kite, quiet
두 개의 철자가 모여 하나의 소리를 낸다	ea → [i] sh → [ʃ]	eat ship
두 개의 철자가 모여 서로 다른 소리를 낸다	th → [ð], [Θ]	the, three
철자의 소리가 사라진다	l, g → [ø]	talk, sign

더욱 놀라운 사실은 똑같은 단어라도 문장의 시제에 따라 발음이 달라진다는 겁니다. 가령, 동사 read의 현재형은 [rid]로 발음되지만 과거형은 [red]로 발음됩니다. 그뿐만 아니라 똑같은 단어가 품사에 따라 발음이 달라질 때도 있습니다. 일례로 단어 record는 동사로 쓰일 때는 [rikɔ́:rd]라고 읽지만, 명사로 사용될 때는 [rékərd]라고 읽어야 합니다.

영어의 철자와 소리의 관계가 복잡한 이유

영어는 왜 철자와 소리의 관계가 복잡한 걸까요? 가장 큰 원인은 불과 26개밖에 안 되는 철자로 40개 남짓한 소리를 나타내야 하기 때문입니다. 또 다른 이유는 영어 단어의 60퍼센트가 프랑스어나 라틴어에서 차용한 것인데, 이들 단어에는 영어 파닉스 규칙이 적용되지 않기 때문입니다. 예를 들어, 순수 영어 단어인 child, cheese, church에서 ch는 [tʃ]로 발음됩니다. 그러나 프랑스어에서 차용된 단어인 chef나 machine은 ch를 [ʃ]로 발음하죠. 또한 라틴어에서 온 architecture나 chemical의 ch는 [k]로 발음합니다.

한 가지 이유를 더 든다면, 지난 1500년 동안 영어의 소리가 많이 변했는데 문자는 그대로 사용하다 보니 철자와 소리의 상응 관계가 복잡해진 것이지요.

파닉스 규칙은 몇 개일까?

영어 파닉스를 배우려면 모두 몇 개의 규칙을 알아야 할까요? 파닉스 규칙이 정확히 몇 개인지는 학자마다 견해가 다르지만, 보통 수백 개가 넘는다고 알려져 있습니다.[10]

규칙이 이렇게 많은 것은 주로 모음 때문입니다. 20개의 서로 다른 소리를 모음 다섯 글자로 나타내야 하니 필연적으로 파닉스 규칙이 복잡할 수밖에 없습니다. 누군가는 모든 규칙을 다 외우면 되지 않겠냐고 말할지 모르지만, 파닉스 규칙을 자세하게 외우면 오히려 해가 될 수도 있습니다.

파닉스 규칙을 자세히 배울 필요가 없는 이유

파닉스 규칙을 자세하게 배우는 것이 왜 득이 아닌 실이라고 하는 걸까요? 그 이유는 다음과 같습니다.

첫째, 파닉스 규칙에 의존해 읽기를 배우려고 하면 예외가 너무 많아서 오히려 좌절감만 커집니다. 아래 A칸에 주어진 단어들은 첫 자음만 다르고 나머지 철자는 모두 같습니다. 하지만 단어 아래 발음기호를 보면 ough의 발음이 단어마다 모두 다르죠. 반대로 B칸에 짝을 이룬 단어들을 보면 두 단어의 철자가 다름에도 불구하고 발음이 같은 것을 알 수 있습니다. 이처럼 영어에는 파닉스 규칙으로는 설명할 수 없는 예외가 무수히 많습니다.

A	tough [tʌf]	bough [baʊ]	dough [doʊ]	cough [kɔːf]
B	by/buy [baɪ]	in/inn [ɪn]	no/know [noʊ]	to/two [tu]

둘째, 일상생활에서 빈번하게 사용하는 단어일수록 파닉스 규칙이 적용되지 않는 사례가 많습니다. 예컨대 다음의 단어들은 사용 빈도가 매우 높은 단어들이지만 파닉스 규칙으로 설명할 수 없습니다.

파닉스 규칙이 적용되지 않는 고빈도 단어들

is, was, were, do, has, have, of, to, what,
come, talk, love, could, should, busy, right

셋째, 파닉스 규칙은 음절이 하나인 단어, 예를 들어 top, king, sun 같은 단어에서는 어느 정도 예측이 가능하지만, banana, computer, pencil과 같은 다(多)음절 단어에서는 무용지물이 됩니다. 강세의 유무가 발음에 영향을 주기 때문입니다.

가령, 단어 banana[bənǽnə]에서 a의 소리는 첫음절과 셋째 음절에서 [ə]로 발음되지만, 둘째 음절에서는 [æ]로 발음됩니다. 같은 철자가 한 단어 내에서도 다르게 발음되는 이유는 강세 때문입니다. 강세가 있는 둘째 음절에서는 [æ]로 발음되지만 강세가 없는 음절에서는 [ə]로 발음됩니다.

파닉스 규칙에는 예외가 너무 많습니다. 그 수가 너무 많아서 어떤 단어가 예외인지 외울 수조차 없습니다. 그리고 영어에는 다음절 단어가 단음절 단어보다 훨씬 많은데 다음절 단어에는 파닉스 규칙이 적용되지 않습니다. 이러한 사실을 고려하면 파닉스를 자세히 배우는 것이 능사가 아님을 알 수 있습니다.

114

통단어 읽기가 먼저다

파닉스 방법 vs. 통단어 읽기법

영어 단어 읽기를 배우는 방법에는 크게 두 가지가 있습니다. 하나는 파닉스 규칙을 익혀서 단어 읽기를 배우는 '파닉스 방법'이고, 다른 하나는 단어의 모양을 통째로 기억해서 단어 읽기를 배우는 '통단어 읽기법'입니다. 1980년대에 둘 중 어느 것이 더 효과적인지를 입증하기 위해 영어권 어린이들을 대상으로 수많은 학술 연구가 이뤄졌죠. 그 결과를 종합하면 다음의 두 가지 결론이 나옵니다.

- 유아기부터 부모가 이야기책을 많이 읽어 준 아이들은 파닉스를 배우지 않아도 통단어 읽기법으로 스스로 글을 깨우친다.
- 부모가 책을 읽어 주지 못한 가정에서 자라나 학교에 입학한 아이들은 파닉스 방법이 더 효과적이다.

우리 상황에 효과적인 방법은 통단어 읽기다

영어 읽기를 배우는 두 가지 방법 중에서 우리나라 학습자에게 효과적인 것은 무엇일까요? 우리나라 어린이들도 취학 전에 영어책 읽기를 하지 않았으니 파닉스부터 배우는 것이 맞을까요? 그렇지 않습니다. 영어권 어린이들의 연구 결과를 우리 아이들에게 그대로 적용하는 것은 적절한 방법이 아니죠. 모국어 읽기를 배우는 영어권 아이들과 외국어인 영어를 배우는 우리나라 아이들은 처한 상황이 다르니까요.

영어를 '읽는다'는 것은 단순히 단어를 소리 내어 읽는 것에 그치지 않습니다. 소리 내어 읽은 그 단어의 뜻까지 이해하는 과정을 포함합니다. 즉 '읽기'란 문자를 해독하여 그 의미를 이해하는 것입니다.

영어권 아이들은 말하기를 이미 습득한 상태이기 때문에 문자를 해독하는 방법만 배우면 읽기 능력을 갖춥니다. 다시 말해 문자를 소리로 해독할 수만 있으면 그 뜻을 자동으로 이해하죠. 그러나 우리 아이들은 파닉스 규칙을 배워서 영어 단어를 읽을 줄 알게 되더라도 그 단어의 뜻을 모르기 때문에 문자 해독을 먼저 하는 것이 아무런 의미가 없습니다.

요컨대 우리 아이들은 단어의 뜻도 배우고 철자도 배우고 발음도 배우고 문법도 모두 함께 배워야 하는 상황입니다. 파닉스를 먼저 배워서 단어를 소리 내어 읽는 것이 급선무가 아니라는 거죠.

우리 아이들이 단어 읽기를 가장 효과적으로 배울 수 있는 방법은 오디오 음원을 들으며 그림책을 읽는 것입니다. 이렇게 하면 파닉스 규칙을 몰라도 귀로는 단어의 소리를 듣고 눈으로는 단어를 통째로 읽는 과정에서 단어 읽기 뿐만 아니라 단어의 뜻과 쓰임새까지 동시에 배우게 됩니다.

한마디로 파닉스 방법은 단지 단어를 해독하는 것만을 배우지만, 통단어 읽기법은 그림책을 읽으면서 영어 자체를 배우는 것입니다. 영어 학습 면에서 일석이조의 효과를 얻을 수 있죠. 요컨대 영어를 배우는 과정에서 단어 읽기는 덤으로 배우게 됩니다.

단어는 형상으로 인식한다

통단어 읽기는 아이들의 읽기 발달 과정을 고려할 때 더 자연스러운 방법이기도 합니다. 아이들이 처음 보는 단어를 인식하는 일차적인 방법은 단어의 전체적인 모양을 기억하는 겁니다. 처음 숫자를 배울 때 2를 S로 쓴다거나, 알파벳도 b와 d, 또는 p와 q를 구별하지 못하는 경우가 흔합니다. 글자의 전체적인 형상에 의존하기 때문입니다.

성인도 다르지 않습니다. 단어를 읽을 때 철자를 하나하나 확인하며 읽는 경우는 드물죠. 보통은 단어 전체를 모양으로 인식합니다. 의심스럽다면 다음 지문을 소리 내어 빠르게 읽어 보세요.

> FIVE LITTLE MONKEYS JUMPING ON THE BED.
> ONE FELL OFF AND BUMPED HIS HEAD.
> MAMA CALLED THE DOCTOR AND THE DOCTOR SAID,
> NO MORE MONKEYS JUMPING ON THE BED.

어떤가요? 아마도 소리를 내면서 빨리 읽기가 쉽지는 않았을 겁니다. 단어의 모양이 눈에 익숙하지 않았을 테니까요. 한두 단어라면 모를까,

모든 단어가 대문자로 된 지문은 우리에게 매우 낯선 모습입니다. 단어의 모양이 눈에 익지 않다 보니 철자를 보고도 해독이 안 되고, 그래서 빨리 읽을 수가 없습니다.

이처럼 아이들의 읽기 발달 단계나 성인들의 단어 실험 결과를 고려할 때, 파닉스보다 통단어 읽기가 우리에게 훨씬 효과적인 학습법입니다.

통단어 읽기, 영어 강세 학습에 더 효과적이다

우리나라 아이들이 영어 읽기를 문맥 속에서 통단어로 배워야 하는 또 다른 이유는 영어의 강세와도 관련이 있습니다. 영어의 강세는 의사소통에서 매우 중요한 역할을 합니다. 단어의 강세를 조금이라도 틀리게 발음하면 원어민들은 무슨 말인지 알아듣지 못합니다. 예를 들어 banana는 두 번째 음절에 강세('버내너')가 있는데, 만약 첫음절에 강세('버내너')를 넣어 발음하면 무슨 단어인지 못 알아듣죠.

비영어권 사람들이 영어의 강세를 배우기가 어려운 이유 중 하나는 강세가 고정되지 않고 옮겨 다니기 때문입니다. 다음의 예시에서 보듯이 파생어의 경우 철자 배열은 같지만 강세의 위치가 달라지면서 모음의 소리도 다르게 발음됩니다.

magic [mǽdʒɪk] → magician [mədʒíʃn]
invite [ɪnváɪt] → invitation [ɪnvɪtéɪʃn]

단어 'magic(마술)'은 첫음절에 강세가 있기 때문에 모음 a의 소리가 [æ]로 발음되지만, 단어 'magician(마술사)'은 강세가 두 번째 음절로 이동하고 첫 번째 음절은 강세가 없기 때문에 a가 약한 소리인 [ə]로 바뀝니다. 이렇게 강세에 따라 모음의 발음이 변화하는 것은 파닉스 규칙으로는 배울 방도가 없습니다.

그렇다면 영어로 의사소통할 때 중요한 역할을 하는 단어의 강세를 배우려면 어떻게 해야 할까요? 바로 오디오 음원을 들으면서 통단어 읽기로 배우는 것입니다. 오디오 음원과 함께 단어를 통단어로 익히면 강세를 따로 배우려고 애쓰지 않아도 마치 멜로디처럼 자동으로 기억됩니다.

파닉스는 이 정도만 알면 된다

파닉스는 기초적인 규칙만 배운다

만약 지금까지 파닉스를 자세히 배우면 영어를 쉽게 읽을 수 있다고 알았다면 앞으로는 그 생각을 버려야 합니다. 앞서 살펴본 것처럼 파닉스 규칙은 너무 복잡하고 예외가 많아서 전적으로 파닉스에 의존해 영어 읽기를 배우는 것은 바람직하지 않습니다. 특히 파닉스를 심화 단계까지 학습하면 오히려 혼란만 가중되고 아이에게 좌절감을 안겨 줄 수도 있습니다.

여러 가지를 종합적으로 판단할 때 파닉스는 기초 수준의 규칙만 배우는 것이 좋습니다. 첫째, 알파벳의 기본 소리를 배웁니다. 둘째, 활용도가 높고 예외가 적은 파닉스 규칙을 배웁니다.

자음의 기본 소리를 익힌다

단어 읽기에 도움이 되는 파닉스 규칙 중 첫 번째는 자음(p, b, t, d, k, l, m, n, r, s, v, w, y)의 소리를 배우는 겁니다. 자음의 소리는 비교적 규칙적이고 예외가 적기 때문에 가장 먼저 배워야 합니다. 자음의 소리는 아래 그림 카드처럼 단어의 첫소리로 익히는 것이 효과적입니다.

모음의 기본 소리를 익힌다

모음(a, e, i, o, u)은 자음과 달리 배우기가 매우 어렵습니다. 모음마다 기본 소리는 있지만 절대적이지도 않고, 주변 철자나 강세에 따라 달라지기 때문이죠. 모음의 파닉스 규칙은 복잡 그 자체입니다. 따라서 모음은 기본 음가만 배우는 것이 좋습니다.

모음의 기본 음가는 '자음-모음-자음'으로 구성된 단음절 단어에서 나타나는 소리를 말합니다. 예를 들어 모음 a의 기본 소리는 cat, e의 기본 소리는 pen, i의 기본 소리는 pin처럼 '자음-모음-자음'으로 구성된 단어로 가르칩니다.

철자	a	e	i	o	u
기본 음가	[æ]	[e]	[i]	[ɑ]	[ʌ]
단어	cat	pen	pin	top	cut

매직 e 규칙

모음의 기본 음가를 배웠다면, '매직 e 규칙'도 가르치면 유용합니다. '매직 e 규칙'이란 단어 끝에 e가 나오면 앞의 모음을 마치 마술처럼 알파벳 이름과 같은 소리로 바꾸는 규칙입니다. 가령 cut의 발음은 [kʌt]이지만 뒤에 e가 붙어 cute가 되면 u의 발음은 알파벳 이름인 '유'로 바뀌면서 [kjuːt]로 발음되죠. 마찬가지로 hop의 발음은 [hɑp]이지만 여기에 e가 붙어 hope가 되면 철자 o의 소리가 알파벳 이름인 '오우'로 바뀌면서 [houp]로 발음됩니다.

단어	mad [mæd]	red [red]	pin [pin]	hop [hɑp]	cut [kʌt]
매직 e	made [meid]	rede [riːd]	pine [pain]	hope [houp]	cute [kjuːt]

이중 자음의 소리를 익힌다

'이중 자음'이란 th, ch, sh, gh, ph처럼 두 개의 자음이 모여서 하나의 소리를 내는 경우입니다. 이중 자음은 알파벳의 단독 소리와 전혀 다른 소리가 납니다. 따라서 기본 자음의 소리를 먼저 배운 후에 이중 자음의 소리를 배웁니다. 이중 자음의 파닉스 규칙은 구글 등에서 간단한 이미지를 찾아 활용합니다.

이중 자음과는 달리 개별 자음의 소리가 그대로 살아 있는 '혼합 자음'이 있습니다. 예를 들어, 두세 개의 자음으로 구성된 'bl fl pl sl', 'br dr fr tr', 'sm sn sp st', 'scr spr str'와 같은 혼합 자음은 굳이 파닉스로 가르칠 필요가 없습니다. 혼합 자음은 오디오 음원을 들으면서 단어를 읽다 보면 자연스럽게 소리를 익힐 수 있습니다.

이중 모음의 파닉스 규칙은 배우지 않는다

이중 모음(ea, eo, eu 등)의 파닉스 규칙을 배우는 것은 득보다 실이 더 크기 때문에 시간 낭비일 수 있습니다. 그뿐만 아니라 필요하지도 않은 복잡한 규칙을 배우느라 아이들이 스트레스를 받으면 오히려 영어 학습에 역효과가 날 수도 있죠. 이중 모음의 파닉스 규칙을 배울 필요가 없다는 것은 다음 문제를 풀어 보면 이해가 됩니다.

이 문제의 답은 놀랍게도 단어 속에 ea가 없는 5번입니다. 이중 모음 규칙을 배운다고 해도 수많은 예외 단어들이 존재합니다. 어떤 단어가 예외인지를 기억하는 것이 더 어렵죠. 예외가 너무 많은 규칙을 배우면 오히려 혼란만 가중될 수 있습니다. 따라서 모음에 대한 파닉스 규칙은 너무 자세히 배우면 오히려 해가 될 수도 있습니다.

피해야 할 파닉스 지도 방법

영어와 한글의 소리는 질적으로 다릅니다. 하지만 일부 영어 교재에서 영어 철자의 발음을 아래처럼 한글 소리와 대응시켜 제시하기도 합니다.

a	b	c	d	e	f	g	h
애	브	크/스	드	에	프	그/즈	흐
j	k	l	m	n	o	p	q
즈	크	르	므	느	오/아	프	크
s	t	u	v	w	x	y	z
스	트	우	브	우	크스	이	즈

앞의 예시처럼 영어 알파벳에 상응하는 한글 음을 제시하는 것은 반드시 피해야 할 파닉스 지도법입니다. 예를 들어, 영어 알파벳의 f와 v는 한국어에 없는 소리입니다. 또한 우리에게는 한글 자음 'ㅂ'과 영어 알파벳 b의 발음이 유사하게 들리지만, 영어권 사람들에게는 p와 b처럼 전혀 다른 소리로 들리죠. 영어 b는 유성음이지만 한국어 'ㅂ'은 위치에 따라 유성음도 되고 무성음도 되기 때문에 둘은 같은 소리가 아닙니다. 따라서 영어 철자의 발음을 한글 소리와 연관시키지 말고 오디오의 음원대로 발음하도록 지도해야 합니다.

라임을 활용한 단어 읽기

단어의 라임

단어 읽기를 배우는 방법의 하나로 철자 패턴, 즉 '라임(rhyme)'을 활용하는 방법이 있습니다. 아래 예시처럼 한 음절 단어는 모음을 기준으로 앞부분과 뒷부분의 두 덩어리로 나뉩니다. 이때 모음이 포함된 뒷부분이 바로 라임입니다. 아래 예시에서 빨간색으로 표기한 부분이 라임에 해당합니다.

cat = c + at   ball = b + all

grass = gr + ass   spring = spr + ing

어떤 단어들의 라임이 맞다는 말은 bar, car, far, jar처럼 모음이 포함된 단어 뒷부분의 소리가 같다는 뜻입니다.

라임 활용 단어 읽기의 장점

단어의 소리를 라임으로 배우면 리듬이 있어서 더 오래 기억되는 장점이 있습니다. 라임을 이용해 단어 읽기를 배우면 파닉스 학습에서 느꼈던 스트레스나 좌절감 없이 오히려 재미있게 영어를 배울 수 있죠. 또한 모르는 단어의 소리도 유추해서 읽을 수 있게 됩니다. 예를 들어 단어

cat의 소리를 안다면 이를 이용해 bat, fat, mat, sat처럼 같은 패턴의 단어를 읽어 낼 수 있습니다. Cat이라는 단어와 첫 자음만 다르기 때문에 첫소리만 바꿔 읽으면 되죠.

플립북과 그림책 활용

라임으로 단어 읽기를 연습할 때는 모음이나 자음을 자유롭게 바꿔볼 수 있는 플립북(flip book)을 활용하면 편리합니다.

그림책도 좋은 교재가 되죠. 가령, 누릿 칼린(Nurit Karlin)의 그림책 『The Fat Cat Sat on the Mat(매트 위에 앉은 뚱뚱한 고양이)』를 오디오로 들은 후 소리 내어 읽으면 라임을 느낄 수 있습니다. 닥터 수스(Dr. Seuss)의 그림책『Hop on Pop』도 라임으로 파닉스 규칙을 배울 때 활용하면 좋습니다.

"

파닉스 규칙은
너무 복잡하고 예외가 많아서
전적으로 파닉스에 의존해
영어 읽기를 배우는 것은
바람직하지 않습니다.

"

4장

•

영어 성공 전략 다섯 가지

영어의 체계는 한국어와 많이 달라서 배우기가 어렵습니다. 두 언어는 언어 집단(어족)이 달라서 문장의 구조가 다르고, 언어의 바탕이 되는 문화도 달라서 생각을 언어로 표현하는 방법이 많이 다릅니다. 영어를 제대로 배우려면 새로운 집을 짓는다는 생각으로 한국어의 틀에서 벗어나야 합니다. 영어라는 새로운 집을 지으려면 어떻게 배워야 할까요? 영어를 성공적으로 배우는 데 필요한 전략 다섯 가지를 소개합니다.

전략 1. 전체에서 부분으로 배워라

전체부터 vs. 부분부터

영어를 배우는 방법에는 크게 두 가지가 있습니다. 하나는 '전체에서 부분으로' 배우는 방법이고, 다른 하나는 '부분에서 전체로' 배우는 방법입니다. 전체부터 배우는 방법을 '하향식 학습법'이라고 하고 부분부터 배우는 방법을 '상향식 학습법'이라고 말합니다.

'전체에서 부분으로' 배우는 방법은 영어를 맥락 속에서 배우는 방법입니다. 배경 지식이나 주어진 상황, 그림 등을 이용하여 문장의 개략적인 의미를 추측합니다. 예를 들어 There is a book on the table.이라는 문장을 접했을 때 there, is, a, on, the 같은 단어가 무슨 뜻인지 몰라도 전체적인 맥락을 보고 '아, 테이블 위에 책이 있다는 거구나.'라고 대강 이해합니다. Book이나 Table같이 핵심 내용을 전달하는 단어의 뜻은 주어진 그림이나 대화 상황을 보며 추측합니다. '전체에서 부분으로' 방법의 예는 영어 그림책 읽기로 영어를 배우는 것입니다.

〈전체에서 부분으로〉

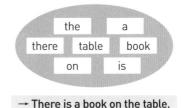

〈부분에서 전체로〉

반대로 '부분에서 전체로' 배우는 방법은 단어와 문법을 먼저 배운 후에 이를 종합하여 문장의 의미를 파악하는 방법입니다. 부분부터 배우는 대표적인 예는 문법-번역식 교수법입니다. 문법과 단어의 뜻을 먼저 배운 후에 이를 바탕으로 문장의 뜻을 한국어로 번역합니다.

어린이는 '전체부터' 배운다

어린이들은 모국어를 비교적 쉽게 배웁니다. '전체에서 부분으로' 배우기 때문입니다. 예를 들어, I don't know.라는 표현쯤은 아주 쉽게 배웁니다. 굳이 조동사 do가 어떤 기능을 하는지 not이 무슨 뜻인지 배우지 않아도 "나는 몰라."라는 표현이 사용되는 상황이나 문맥 속에서 하나의 덩어리로 받아들이기 때문이죠.

한국어를 배우는 우리 아이들도 마찬가지입니다. '엄마', '사과', '우유' 정도의 단어를 말하던 아이가 어느 날 갑자기 "이건 뭐야?"라는 문장을 말합니다. 만약 이 아이가 '이+것+은 무엇+이야?'처럼 부분부터 배워서 이 문장을 발화하려면 1년도 더 걸렸을 것입니다. 아이들이 "이건 뭐야?"를 단숨에 배우는 것은 이 표현 자체를 하나의 덩어리로 이해하기 때문입니다.

영어를 '부분부터' 배우면 어려운 이유

영어를 부분부터 분석적으로 배우려고 하면 매우 어렵습니다. 부분은 그 자체로는 의미가 없거나 추상적일 때가 많기 때문이죠. 일례로 There is a book on the table.이라는 간단한 문장을 '부분에서 전체로'의 방법으로 배우면 어떨까요? There는 그 자체로 뜻이 없으니 '유도 부사'라는 문법 용어를 배워야 하고, a는 '부정관사'라고 배워야 합니다. is는 더 복잡합니다. is는 '존재의 be동사'인데 주어의 인칭과 수에 따라 am, are, is로 형태가 달라지죠. 시제와 수에 따라서도 was, were로 변화합니다. 어린이들이 이런 방식으로 영어를 배운다면 깊은 늪에 빠진 것 같은 느낌일 겁니다. 영어를 이제 막 배우기 시작한 아이가 영어 대신 언어학을 공부하는 셈입니다.

영어를 이렇게 부분부터 배우면 아주 간단한 표현도 어렵게 느낄 수밖에 없습니다. 실제로 한 초등학생이 'Oh my, what is that?(어머나, 저게 뭐지?)'라는 문장을 '오 나의, 저것은 무엇이야?'라고 번역을 하더군요. 'Oh my'라는 표현을 맥락과 함께 배웠다면 이런 문제는 생기지 않았을 겁니다.

영어는 부분에 초점을 두고 배우면 매우 어렵습니다. 아래 그림을 보세요.[11] 무엇이 보이나요?

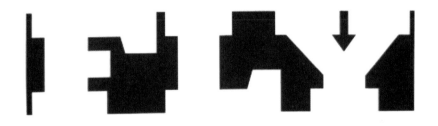

모양 하나하나를 자세히 보면 화살표 모양도 보이고, 집과 레고 조각 모양도 보이죠. 그럼 이번에는 멀리서 전체적인 모습을 보세요. 아마 FLY라는 단어가 보일 겁니다. 영어 학습도 이와 같습니다. 처음부터 세

부 사항에 초점을 두고 영어를 공부하면 의미가 보이지 않습니다. 마치 나무만 보고 숲을 보지 못하는 것과 같습니다.

인공지능도 '전체'에서 패턴을 찾는다

최근 인공지능의 발달로 인간의 삶이 획기적으로 바뀌고 있죠. 인공 지능은 스스로 학습하기 때문에 그 발전 속도가 매우 빠릅니다. 그런데 흥미로운 점은 인공지능도 '전체'에서 배운다는 겁니다.

과거의 규칙 기반 인공지능은 개와 고양이를 구별하지 못했습니다. 개의 특징이 무엇이고 고양이의 특징이 무엇인지 아무리 상세하게 정보를 입력해도 컴퓨터는 두 동물을 구별하지 못했죠. 그런데 2012년 미국 스탠퍼드대학교 앤드루 응(Andrew Ng) 교수는 컴퓨터에 인간 뇌의 작동 원리를 적용하게 됩니다. 즉, 컴퓨터에 개와 고양이를 구별하는 세부 규칙을 입력하는 대신, 개와 고양이의 사진을 수없이 반복해서 보여 주었습니다. 즉 전체적인 모습을 보여 준 것이죠. 결과는 어땠을까요? 컴퓨터는 드디어 개와 고양이를 구별하는 데 성공합니다. 컴퓨터도 인간의 뇌처럼 '전체에서 부분으로' 학습법이 더 효과적이었던 겁니다.

뇌 과학자들에 따르면 인간의 뇌는 패턴을 찾아내는 능력이 뛰어나다고 합니다. 어떤 정보를 자세하게 설명해 주는 것보다는 전체적인 모습을 반복적으로 노출해 스스로 패턴을 찾아내게 하는 방법이 더 효과적이라는 거죠. 따라서 영어 교육도 문법과 같은 세부 사항을 먼저 가르치기보다는 아이들이 영어의 패턴을 스스로 터득할 수 있도록 영어책을 읽게 하는 것이 훨씬 더 효과적입니다.

전략 2. 믿기 게임을 하라

의심하기 게임 vs. 믿기 게임

미국 MIT 대학교의 피터 엘보(Peter Elbow) 교수에 따르면, 이 세상의 진리를 추구하는 방법에는 두 가지가 있습니다. 하나는 의심해서 진리를 찾아내는 '의심하기 게임(doubting games)'이고, 다른 하나는 믿어서 진리를 찾아내는 '믿기 게임(believing games)'입니다.

의심하기 게임이 주로 활용되는 분야는 과학입니다. 우리가 알고 있는 과학적인 진실은 기존의 지식이나 상식을 의심하는 데서 시작됐습니다. 예를 들어 모두가 천동설을 믿을 때 누군가는 이를 의심했고, 그 결과로 지구가 태양의 주위를 돈다는 지동설을 입증해 낸 거죠. 반대로 믿기 게임의 대표적인 분야는 종교라고 할 수 있습니다. 신의 존재를 알려면 먼저 믿어야 하고, 믿으면 비로소 보인다는 논리입니다.

영어 학습에는 믿기 게임이 먼저다

영어는 둘 중 어느 방법이 효과적일까요? 영어 학습에서 '의심하기 게임'을 한다는 것은 수학이나 과학처럼 '왜?'라고 질문하며 논리적으로 배우는 것을 말합니다. 반대로 '믿기 게임'은 모국어를 배우는 것처럼 의미 중심으로 받아들이며 배우는 것을 뜻하죠. 둘 다 영어를 배울 때 필요한 방법이긴 하지만 중요한 것은 순서입니다. 믿기 게임을 먼저 해야 합니다. 왜 그럴까요?

언어는 본질적으로 사람들 사이의 약속입니다. 그래서 언어의 형태와 의미의 관계는 자의적입니다. 불변의 진리가 아니라 사용자의 편의에 따라 임의로 정한 약속입니다. 가령, 🐶와 같은 동물을 '개'라고 불러야 할 명확한 이유나 논리적 근거는 어디에도 없습니다. 우리가 '개'라고 부르자고 약속했을 뿐이죠. 마찬가지로 개를 영어로 dog라고 부르는 것도 영어권 사람들이 그렇게 약속했기 때문입니다. 여기에 '왜?'라는 질문은 어울리지 않습니다.

의심하기 게임을 먼저 하면 좌절감을 느낀다

영어의 문법이란 불변의 법칙이 아닙니다. 문법에 맞는 문장이어도 원어민 화자들이 사용하지 않으면 틀린 표현으로 간주합니다. 이 때문에 수학처럼 논리적으로 따지면서 영어를 배운다면 오히려 좌절감에 빠질 수 있습니다.

한 가지 예를 들어 볼까요? 밖에서 현관문을 노크하면 안에서 'Who is it?(누구세요?)'이라고 묻습니다. 대답은 It's I.라고 해야 할까요? 아니면 It's me.라고 해야 할까요?

A: Who is it?
B: It's I. / It's me.

과거에는 It's I.라고 대답했으나 요즘에는 대부분의 사람들이 It's me.라고 대답합니다. 과거에 비문법적인 표현이라고 가르쳤던 It's me.가 더 이상 비문법적인 표현이 아닙니다. 이제는 It's I.보다 It's me.가 더 적절한 표현입니다. 왜냐구요? 그냥 사람들이 그렇게 쓰기 때문입니다.

단어도 마찬가지입니다. 최근에 영어사전에 새로운 동사가 등록됐습니다. 바로 google입니다. '질문이 있으면 구글에서 검색해 봐'를 영어 문장으로 어떻게 표현할까요? If you have a question, just google it.이라고 말합니다. '구글'이라는 회사 이름을 동사로 사용하는 겁니다. 그 이유를 물어봐도 논리적으로 설명할 방법이 없습니다.

영어를 배운다는 것은 영어의 패턴을 배우는 것입니다. 패턴을 찾으려면 먼저 믿기 게임으로 영어식 표현을 흡수해야 합니다. 처음부터 의심하기 게임으로 영어를 배운다면 영어의 패턴은 보이지 않습니다. 아이가 성인보다 영어를 잘 배우는 이유는 믿기 게임을 잘하기 때문입니다. 따라서 아이에게 문법을 이해시키려고 하거나 문제집으로 영어를 가르치는 것은 바람직하지 않습니다. 문제집을 풀면서 어느 문장이 문법적으로 틀렸는지 맞았는지를 고르는 것은 의심하기 게임입니다.

전략 3. 영어로 생각하라

한국어로 먼저 생각하면 벽에 부딪힌다

영어와 한국어는 생각이나 개념을 단어로 표현하는 방법이 다릅니다. 그래서 한국어 문장을 먼저 생각하고 영어로 표현하려고 하면 어렵습니다.

예를 들어 한국어로 '문을 열다'는 영어로 open the door입니다. '문'은 door이고 '열다'는 open이니 그리 어렵지 않죠. 그런데 '눈을 뜨다(open your eyes)'를 영어로 표현하려고 하면 '뜨다'에 해당하는 영어 단어가 잘 떠오르질 않습니다. 또 '입을 벌리다(open your mouth)'라는 표현도 '입'은 'mouth'라고 금방 알지만 '벌리다'에 해당하는 단어는 한참을 생각해야 합니다.

왜 이런 문제가 생기는 걸까요? 단어 open의 뜻을 한국어 생각 단위인 '열다'와 동일시하여 암기했기 때문입니다. 그렇다면 'open=열다, 뜨다, 벌리다, 퍼다'처럼 다양한 뜻을 함께 외우면 되는 걸까요? 그래도 결과는 달라지지 않죠. '눈을 뜨다'에서 '뜨다'는 영어로 open이 맞지만, 한국어의 '뜨다'가 항상 open으로 번역되는 것은 아니기 때문입니다.

예를 들어 해가 뜨면 rise, 공이 물 위에 뜨면 float, 사람이 세상을 뜨면 die라는 단어가 맞는 표현입니다. 또한 국을 국자로 뜨면 scoop이라고 하고, 누군가가 자리를 뜨면 leave라고 표현해야 합니다. 한국어로는 동일하게 '뜨다'로 쓰지만 영어로는 상황마다 서로 다른 동사로 표현합니

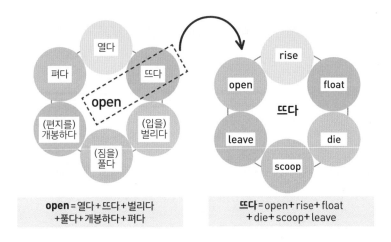

open = 열다 + 뜨다 + 벌리다
+ 풀다 + 개봉하다 + 펴다

뜨다 = open + rise + float
+ die + scoop + leave

다. 따라서 영어 단어의 뜻을 한국어 단어와 동일시하여 외우면 곧 한계에 부딪힐 수밖에 없습니다.

영어와 한국어는 개념을 어휘화하는 방식이 다르다

한국어에서 '올리다'와 '내리다'는 서로 반대되는 개념이죠. 우리의 상식으로는 영어에서도 서로 다른 동사를 사용할 것 같습니다. 하지만 실제로는 아닙니다. 우리가 '올리다'와 '내리다'로 구분하는 개념을 영어에서는 'put(놓다)'이라는 하나의 개념으로 표현합니다. 위쪽으로 놓을 때는 up, 아래쪽으로 놓을 때는 down이라는 전치사를 써서 그 의미를 구분합니다.

또 다른 예를 들어 볼까요? 한국어로 '눕다'와 '엎드리다'는 서로 반대말에 가깝습니다. 하지만 영어에서는 두 가지 행위를 모두 'lie(바닥에 몸

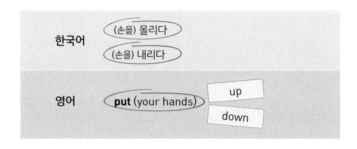

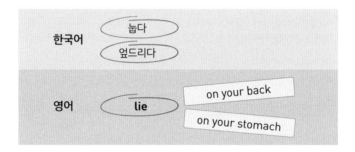

이 닿는다)'라고 표현하죠. 만약 등이 바닥에 닿으면 on your back이라고 설명을 추가하고, 배가 바닥에 닿으면 on your stomach라고 덧붙입니다.

이처럼 영어와 한국어는 어휘화 패턴이 달라서 한국어식 표현 방법으로 영어를 배우는 데는 한계가 있습니다. 영어식 패턴을 배우는 가장 좋은 방법은 문맥 속에서 영어식 표현을 많이 접하는 겁니다.

두 언어의 상응어 뜻이 다르다

영단어 apple은 한국어로 '사과'입니다. 이렇게 서로 대응되는 단어를 상응어라고 합니다. 그런데 영단어 중에는 한국어 상응어와 뜻이 일치하지 않는 경우도 매우 많습니다. 영어의 정확한 의미를 생각하지 않고 무조건 직역하면 오역이 되기도 하죠. 몇 가지 예를 살펴볼까요?

Teenager는 '십 대'일까?

대다수 교재에는 영단어 teenager의 뜻이 '십 대'라고 적혀 있죠. 틀린 말은 아니지만 때에 따라 오역이 될 수도 있습니다. Teenager의 정확한 뜻은 teen이라는 단어가 포함된 나이에 해당하는 사람들입니다. 즉, thirteen(13세)부터 nineteen(19세)까지의 사람들을 teenager라고 지칭하죠. 나이가 ten(10세), eleven(11세), twelve(12세)인 경우에는 단어에 teen이 없으므로 teenager라고 부르지 않습니다. 반면에 그에 대한 한국어의 상응어인 '십 대'는 열 살부터 열아홉 살까지의 청소년을 지칭합니다. 만약 주인공이 11세인데 teenager로 번역한다면 오역이 됩니다.

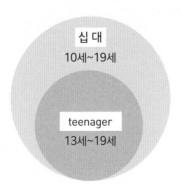

〈teenager ≠ 십 대〉

Brother가 '오빠'? Sister가 '누나'?

우리처럼 유교권 문화에서는 나이가 중요한 의미를 가집니다. 이러한 문화적 특성은 단어에 그대로 반영돼 있지요. 일례로 우리는 형제와 자매의 관계를 표현할 때 나이와 성별을 세분화해 언니, 오빠, 형, 누나, 동생이라고 부릅니다. 그러나 영어권에서는 나이보다 성별을 중요하게 생각합니다. 그래서 형제자매도 나이에 상관없이 성별이 남자면 brother, 여자면 sister라는 두 가지 호칭만 사용합니다.

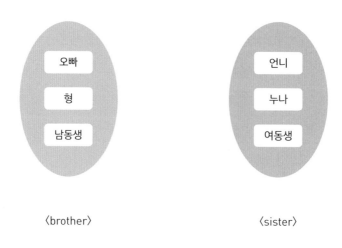

〈brother〉　　　　　　　　〈sister〉

나시 말해 '언니'나 '동생'에 해당하는 영단어는 존재하시 않습니다. 마찬가지로 sister나 brother에 해당하는 한국어도 없죠. 혹자는 이렇게 반박할 수도 있습니다. '언니'는 older sister라고 하면 된다고요. 뜻풀이만 놓고 보면 틀린 말은 아니죠. 그러나 older sister는 개념 단위가 아니라 sister라는 단어를 older라는 형용사로 꾸며 주는 표현일 뿐입니다.

가령, 친구에게 언니를 소개하면서 "이 사람이 우리 언니야."라는 말을 영어로 She is my older sister.라고 하면 어색한 표현이 됩니다. 왜냐하면 영어권 문화에서 처음 만나는 사람에게 older라는 나이에 관한 정보를 알리는 것은 적절하지 않기 때문이죠. 이는 마치 처음 만난 사람에게 언니를 소개하면서 "빨강을 좋아하는 우리 언니야."라고 말하는 것과 같습니다. 영어로 언니를 소개할 때는 나이 정보는 빼고 She is my sister.라고 소개하는 것이 자연스럽습니다.

영어식 생각 단위를 쉽게 배우는 방법은 영어책 읽기다

영어와 한국어는 생각 단위나 표현 방식이 다릅니다. 그래서 영단어를 한국어 상응어로 무작정 외우거나, 한국어식 표현을 영어로 번역하는 방법으로 공부하면 영어 실력이 쉽게 늘질 않습니다. 한국어식 생각 단위에서 벗어나 처음부터 영어식 생각 단위로 배워야 장기적으로 훨씬 효과적입니다. 영어식 생각 단위를 배우는 가장 효과적인 방법은 영어책을 읽으면서 문맥을 통해 배우는 것입니다.

전략 4. 추측 게임을 하라

의사소통은 추측 게임이다

시끄러운 공간에서 누군가와 대화를 나눠 본 경험이 있을 겁니다. 상대방 발음이 정확하게 들리지 않거나 주변 소음이 섞여서 소리 자체가 잘 들리지 않는데도 의사소통에는 문제가 없습니다. 사람 많은 분수대 주위에서 나눈 대화를 녹음해서 들어 보면 물 떨어지는 소리만 크게 들리는데도 신기하게 대화를 이어 갑니다.

어떻게 이런 일이 가능한 걸까요? 인간에게는 원하는 소리에만 귀를 기울일 수 있는 '선택적 듣기' 능력이 있기 때문입니다. 그런데 이보다 더 결정적인 이유는 물리적으로 들리지 않는 소리를 맥락으로 이해하는 '추측' 능력이 있기 때문이죠.

인간이 추측을 통해 의사소통을 한다는 사실은 이미 여러 심리학 연구에서 밝혀진 바입니다. 그중 실험 하나를 예로 들어 볼까요?

영어 원어민 화자들에게 미리 녹음한 문장을 들려준 뒤 들은 문장을 종이에 쓰게 했습니다.[12] 이를테면 'The *eel was on the shoe.(*eel이 신발에 있다)'와 같은 문장을 기침 소리와 함께 들려준 겁니다. 여기서 "*"는 heel의 h 소리 대신에 일부러 넣은 기침 소리를 의미합니다. 결과는 어땠을까요?

참가자들은 heel이라는 단어를 듣지 못했음에도 불구하고 이 단어를 종이에 적었습니다. 'shoe(신발)'라는 단어를 듣고 문맥에 맞게 'heel(신

발의 굽)'을 들었다고 응답한 겁니다. 다른 문장에서도 'orange(오렌지)'
를 들으면 'peel(껍질)'을 적고, 'table(식탁)'을 들으면 'meal(식사)'을 들었
다고 했죠. 즉 해당 단어를 듣지 못했음에도 불구하고 문맥에 맞게 추측
해 들었다고 응답한 겁니다.

실제로 들은 문장:　　　The *eel was on the shoe.
들었다고 보고한 문장: The heel was on the shoe.

실제로 들은 문장:　　　The *eel was on the orange.
들었다고 보고한 문장: The peel was on the orange.

실제로 들은 문장:　　　The *eel was on the table.
들었다고 보고한 문장: The meal was on the table.

이처럼 우리는 일상생활에서 모든 단어나 소리가 정확하게 들려서 이
해하는 것이 아니라, 상황이나 맥락에 맞게 추측해서 안 들리는 부분을
스스로 채웁니다. 그래서 영어로 의사소통을 잘하려면 모르는 단어의 뜻
을 추측하는 능력을 키워야 합니다.

추측 능력을 키우려면 영어를 맥락 속에서 배워야 한다

만약 누군가가 갑자기 "지금 11번이에요?"라고 묻는다면 당황스럽겠
죠. 그런데 TV를 보고 있는 상황에서 같은 질문을 받으면 TV 채널을 물
어보는 것임을 쉽게 추측할 수 있습니다. 이렇듯 언어는 앞뒤 상황이나
맥락이 있어야 이해하기도 추측하기도 쉽습니다.

마찬가지로 영어도 추측할 단서가 있어야 쉽게 배울 수 있습니다. 문장을 하나 뚝 떼어내 문법으로 가르친다면 추측할 단서가 없겠죠. 반면에 그림책이나 이야기책으로 영어를 배운다면 그림이나 앞뒤 맥락을 추측의 단서로 사용할 수 있습니다.

예를 들어, 아래 예시처럼 angry라는 단어 뜻을 몰라도 그림을 보면 대강의 의미를 추측할 수 있습니다. 또한 abhorred라는 단어를 몰라도 앞에 loved가 있고, 뒤의 내용이 상반될 때 사용하는 but이 있으니 문맥상 '사랑하다'와 반대의 뜻임을 추측할 수 있죠.

The **angry** dog barked at the cat.

He **loved** her so much, **but** he **abhorred** her mother.

"abhorred는 loved의 반대말이겠구나."

〈그림 단서〉 〈문맥 단서〉

영어를 성공적으로 배우려면 추측 능력을 키워야 하고, 아이가 추측 게임을 할 수 있도록 하려면 영어를 맥락 속에서 배우게 해야 합니다. 우리의 영어 학습 환경을 고려할 때, 아이가 문맥 속에서 영어를 배우는 최선의 방법은 영어책으로 배우는 것입니다.

전략 5. 영어는 운동처럼 배워라

서술적 지식 vs. 비서술적 지식

영어는 어떤 의미에서 수학이나 과학보다는 체육에 가까운 과목입니다. '영어를 운동처럼 배우라'는 말은 수학이나 과학처럼 지식으로 배우지 말고, 자전거나 수영처럼 직접 경험하며 감(感)으로 배우라는 겁니다. 왜 그럴까요? 영어 능력은 운동 능력처럼 '비서술적 지식'이기 때문이죠.

우리가 학교에서 배우는 내용은 대부분 서술적 지식(declarative knowledge, 선언적 지식)입니다. 서술적 지식이란 머리로 이해할 수 있고 말로 설명할 수 있는 지식을 말합니다. 예를 들어 '대한민국의 수도는 서울이다.' 혹은 '물은 산소와 수소로 되어 있다.'와 같은 것들이죠. 수학이나 과학, 사회 등이 대표적인 서술적 지식입니다.

반면에 자전거를 타거나 수영하는 능력은 비서술적 지식(procedural knowledge, 절차적 지식)에 해당합니다. 비서술적 지식은 머리로 이해하기보다는 직접 경험하면서 체득하여 배우는 지식을 의미합니다. 말로 설명하기도 어렵고 머리로 이해하기도 쉽지 않죠. 운동이나 악기를 다루는 능력이 대표적인 비서술적 지식입니다.

영어를 수학처럼 공부하면 안 되는 뇌 과학적 이유

최근에 뇌 과학자들은 뇌의 반응을 측정하는 실험을 통해 언어의 기억 체계를 새롭게 밝혀냈습니다. 언어 능력이 한 덩어리로 두뇌에 저장되어 있는 것이 아니라 언어 요소에 따라 관여하는 뇌의 영역이 다르다는 겁니다. 즉, 문장의 구조를 담당하는 뇌의 영역과 어휘를 담당하는 뇌의 영역이 서로 다른 것으로 나타났습니다.[13]

뇌 과학자들의 연구 결과를 종합하면, 문장의 구조는 비서술적 지식을 담당하는 소뇌와 기저핵에 저장돼 있고, 어휘는 서술적 지식을 기억하는 해마에 저장돼 있습니다. 소뇌는 운동 기억을 저장하는 곳입니다. 문장을 말할 때 이 소뇌가 작동한다는 것은 영어와 운동이 유사한 방식으로 움직인다는 것이죠.

이를 영어 공부에 적용한다면 영어 단어는 암기식으로 공부해도 괜찮지만, 문장의 구조는 운동을 배우는 것처럼 직접 경험을 통해 문장의 패턴을 터득하는 것이 더 효과적입니다. 요컨대, 영어는 수학이나 과학처럼 머리로 이해하며 공부하는 과목이 아니라, 자전거처럼 직접 경험하면서 자연스럽게 체득하는 과목입니다.

아이들은 감으로 배우는 것을 잘한다

유명한 운동선수들의 공통점 중 하나는 어릴 때부터 운동을 배웠다는 겁니다. 운동 능력은 비서술적 지식에 해당합니다. 비서술적 지식은 어린 시절에 더 잘 습득되는 특징이 있죠. 아이는 성인에 비해 비서술적 기억 능력이 발달하여 머리로 이해하고 배우는 것보다 직접 경험하면서 느낌으로 배우는 것을 훨씬 잘합니다. 그러니 아이들이 영어를 배울 때는 성인처럼 문법 규칙으로 배우기보다는 영어를 맥락 속에서 접하면서 스스로 터득하도록 하는 것이 훨씬 효과적입니다.

운동 능력과 같은 비서술적 지식은 말로 설명하기가 쉽지 않습니다. 한번은 방송기자가 어느 유명한 야구선수에게 물었습니다. "당신은 어떻게 공을 치길래 타율이 그렇게 높습니까? 도대체 공을 잘 치는 비결은 무엇입니까?" 그 선수는 잠시 머뭇거리더니 이렇게 대답했습니다. "공이 날아오는 지점에 방망이를 정확히 맞춰서 때리는 겁니다." 우리가 궁금한 것은 '그 찰나의 지점을 어떻게 정확하게 판단하는가?'인데, 선수는 그것을 말로 설명하지 못했습니다. 그 이유는 비서술적 지식이기 때문이죠.

영어도 마찬가지입니다. 아이들이 알고 있는 영어 지식은 말로 설명하기 어려운 비서술적 지식입니다. 그러니 아이들에게 이 문장이 왜 틀렸는지를 설명해 보라고 하는 것은 바람직하지 않습니다. 아이들에게는 '영어를 설명할 수 있는 능력'이 아니라 '영어를 사용할 수 있는 능력'이 필요하다는 것을 기억해야 합니다.

4부

•

영어책 ReaStening으로
영어 실력이 쑥쑥

•

1장

•

영어책 ReaStening 학습법

'영어책 ReaStening 학습법'은 눈으로는 영어책을 읽고, 귀로는 소리를 들으면서 읽기와 듣기를 동시에 배우는 통합적 학습법입니다. ReaStening(뤼스닝)으로 익힌 내용을 말로 표현하고 글로도 써 보면서 말하기와 쓰기도 자연스럽게 배우게 됩니다. 'ReaStening'이란 '읽기(Reading)'와 '듣기(Listening)'를 합쳐 만든 합성어입니다.

Reading + Listening = ReaStening

영어책 ReaStening 학습법이란 무엇인가?

발음, 어휘, 문법 등을 통합적으로 배운다

영어를 배우는 방법에는 크게 두 가지가 있습니다. 하나는 발음, 어휘, 문법 등을 각각 개별로 배우는 것이고, 다른 하나는 영어책을 읽으면서 발음, 어휘, 문법 등을 통합적으로 배우는 것입니다. 후자가 바로 **ReaStening** 학습법입니다. 즉 어휘나 발음, 문법, 어법, 문화를 별도로 배우지 않고, 영어책을 **ReaStening** 하는 과정에서 학습자가 이 모든 요소를 스스로 터득하며 배우는 것이죠.

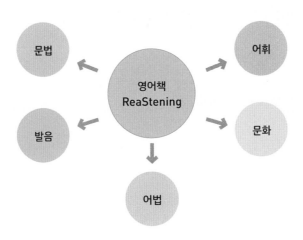

〈영어 요소의 통합적 학습〉

듣기, 말하기, 읽기, 쓰기를 통합적으로 배운다

기존의 영어 교육에서는 듣기, 말하기, 읽기, 쓰기의 네 가지 기능을 별도로 배웁니다. 듣기, 회화, 독해, 작문을 마치 서로 다른 과목처럼 서로 다른 교재로 배웁니다. 그러나 언어는 머릿속의 '생각'을 표현하는 수단입니다. 다시 말해 언어의 네 가지 기능인 듣기, 말하기, 읽기, 쓰기는 우리의 생각을 표현하고 전달하는 서로 다른 채널일 뿐이죠.

〈생각의 4가지 채널〉

하나의 몸통이라고 할 수 있는 영어를 기능별로 분리해 따로 배우는 것은 언어의 본질에도 맞지 않고 효율적이지도 않습니다. 언어의 네 가지 채널은 함께 협동하고 상호작용이 이루어질 때 생각을 잘 표현할 수 있고, 또 타인의 생각을 잘 이해할 수 있습니다.

만약 듣기 수업에서는 뉴스를 듣고, 말하기 수업에서는 대화문을 연습하며, 읽기 수업에서는 영어 소설을 읽고, 쓰기 수업에서는 편지글을 쓴다면 어떨까요? 배운 내용이 서로 연결되지 않아서 영어의 체계나 패턴을 체계적으로 파악하기도 어렵고, 배움의 속도도 훨씬 느려질 수밖에 없을 겁니다.

ReaStening 학습법은 언어의 네 가지 채널이 서로 협동하고 상호작용할 수 있도록 영어의 네 가지 기능을 통합적으로 배웁니다. 즉 영어책을 눈으로 읽고 귀로 들은 후, 그 내용을 말로 표현하거나 글로 써 보면서 말하기와 쓰기를 배웁니다.

영어책 ReaStening 학습법의 장점 세 가지

1. 눈과 귀의 협응은 학습 효과를 높인다

ReaStening 학습법의 장점은 학습자의 눈과 귀가 협응해 집중력을 높이고, 시각 기억과 청각 기억이 서로 도와 기억력을 높일 수 있다는 것입니다. 즉, 다중 감각을 활성화해 학습 효율성을 높일 수 있습니다. 실제로 어린이를 대상으로 한 실험 연구 결과에 따르면, 그림과 소리, 문자를 동시에 경험하면 그림과 소리만 접할 때보다 단어를 더 잘 기억한다고 합니다.[14]

아래 그림은 frog라는 단어를 배울 때 '듣기 먼저' 방법과 ReaStening

〈'듣기 먼저' 방법〉 〈ReaStening 방법〉

방법이 어떻게 다른지를 보여 줍니다. 가장 큰 차이는 문자의 유무입니다. '그림+소리+문자'를 동시에 배운 학습자는 문자를 보는 순간 그 단어의 이미지도 함께 떠올립니다. 가령, frog라는 단어를 보는 동시에 개구리의 이미지가 함께 연상됩니다.

2. 지름길 학습법이다

ReaStening 학습법을 이야기하면 이렇게 우려하는 분들이 있습니다. 처음부터 소리와 문자를 함께 배우면 영어가 더 어려워지는 것 아니냐고요. 하지만 학령기 아이들에게는 소리와 문자를 동시에 배우는 ReaStening 방법이 소리만 배우는 '듣기 먼저' 방법보다 더 효율적입니다. 문자를 소리 기억의 단서로 활용할 수 있기 때문이죠. 초등학생들은 이미 한국어 문자를 익힌 상태이므로, 영어를 가르칠 때도 문자를 활용하면 오히려 더 쉽고 빨리 배울 수 있습니다.

〈'듣기 먼저' 학습법〉

〈ReaStening 학습법〉

소리만 배우는 '듣기 먼저' 교육법은 영어 듣기에 상당한 시간을 할애한 후에 귀가 뚫리면 말하기를 배우고, 그다음에 읽기와 쓰기를 가르칩니다. 영어를 모국어로 습득하는 유아라면 이 방법이 적합하겠지만, 영어를 외국어로 배우는 초등학생들에게 소리와 문자를 별개로 가르치는 것은 시간 낭비입니다.

3. 과거 독해 중심 영어 교육의 문제점 해결

과거의 읽기 중심 영어 교육에서 가장 큰 문제점은 아이들이 영어 듣기를 어려워한다는 점이었습니다. 문자언어와 음성언어를 따로따로 가르치다 보니 영어 읽기 수준은 높은 데 반해 영어 듣기는 그에 훨씬 못 미치는 문제가 있었습니다.

ReaStening으로 영어를 배우면 과거의 읽기 중심 영어 교육에서 나타났던 문제점을 해결할 수 있습니다. ReaStening 학습법은 문자와 소리를 통합적으로 배우기 때문에 읽기와 듣기의 불균형을 최소화할 수 있습니다.

영어책 ReaStening 학습법의 로드맵

영어책 ReaStening 학습법의 단계별 진행 순서

ReaStening 학습법은 '준비 단계 → ReaStening 단계 → 확장 단계'
의 순서로 진행하며, 핵심 단계는 ReaStening 단계입니다. 'ReaStening
단계'에서는 '그림책 → 챕터북 → 소설/비문학'의 순서로 책읽기 단계를
높여 갑니다. '확장 단계'는 ReaStening 단계가 완전히 끝난 후 시작해야
하는 것은 아닙니다. 'ReaStening 단계' 도중에 어느 때든 아이가 영어로
말하고 싶어할 때 병행하여 진행합니다.

ReaStening 학습법의 단계별 진행 순서를 요약하면 아래 그림과 같
습니다.

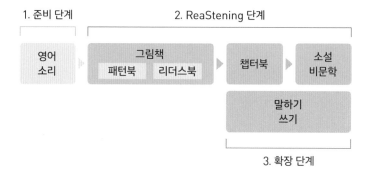

〈영어책 ReaStening 학습법의 로드맵〉

1. 준비 단계: 영어 소리 패턴에 친숙해지기

영어책 ReaStening을 시작하려면 먼저 아이에게 영어 소리와 친숙해질 기회를 마련해 줘야 합니다. 준비 단계에서는 아이가 영어를 배우려는 노력이나 목적 없이 자연스럽게 영어를 접하며 영어 소리 패턴을 무의식적으로 익히는 것이 중요합니다. 영어 소리에 친숙해진다는 것은 한국어 소리와는 다른 영어만의 소리 패턴이나 리듬, 억양, 강세 등에 익숙해지는 것을 의미합니다. 이 단계에서 알파벳도 익힙니다.

2. ReaStening 단계: 영어책 분류

영어의 소리 패턴에 친숙해지면 이제 'ReaStening 단계'를 시작합니다. 처음에는 그림책으로 시작하고 점차 책의 수준을 높여 갑니다. 어린이 영어책은 대상 독자의 연령이나 글의 길이, 난이도 등에 따라 그림책, 챕터북, 어린이 소설, 비문학으로 분류할 수 있습니다.

그림책은 이야기를 삽화와 함께 전개하는 책을 말합니다. 그림책 중에는 단어나 문형이 반복되고 이야기를 예측할 수 있는 그림책도 있는데, 이러한 유형의 그림책을 '패턴북' 또는 '예측 가능한 패턴북'이라고 부릅니다. '리더스북'도 그림책이라고 할 수 있지만 일반적인 그림책과는 출판 목적이 달라서 별도로 분류하기도 합니다. 그림책이 문학 작품이라면, 리더스북은 영어권 아이들의 읽기 학습을 돕기 위해 출판된 교육용 책입니다. 리더스북은 글자가 크고 문장 구조도 단순해서 아이들이 소리 내어 읽기를 연습하기에 좋습니다.

챕터북은 그림책에서 어린이 소설로 넘어갈 때 자연스럽게 적응할 수 있도록 다리 역할을 하는 중간 단계의 책을 말합니다. 하나의 이야기를 다루는 그림책과 달리 챕터북은 1장, 2장, 3장 등 여러 개의 에피소드로 구성됩니다. 일반적으로 7~10세 사이의 아이를 대상으로 하며, 영미권 아이들이 주로 읽는 챕터북 시리즈에는 『Junie B. Jones(주니 비 존스)』, 『Magic Tree House(마법의 시간 여행)』, 『A to Z Mysteries(에이 투 지 미스터리)』 등이 있습니다.

어린이 소설은 영어권 기준으로 초등학교 4~6학년 학생들을 대상으로 하는 소설이며, '중학년 소설(middle-grade fiction)'이라고도 부릅니다. 영어권 어린이들 사이에서 널리 읽히는 어린이 소설로는 동화작가 엘윈 브룩스 화이트(E. B. White)가 쓴 『Charlotte's Web(샬롯의 거미줄)』이나 영국 소설가 J. K. 롤링(J. K. Rowling)의 『Harry Potter(해리 포터)』 시리즈, 이외에도 미국 아동문학상인 뉴베리(Newbery) 상을 받은 작품들이 있습니다.

비문학이란 허구가 아닌 사실적 정보나 지식을 전달하는 정보책이나 글을 말합니다. 즉 문학을 제외한 모든 글이 비문학에 속합니다. 과학이나 수학, 역사, 심리학, 철학 등의 주제를 다룬 책이나 논설문 또는 신문 기사 등이 여기에 해당합니다.

3. ReaStening 단계: 영어책 읽기

ReaStening 단계에서 영어책을 읽는 방법은 다음 페이지의 그림에서 보듯이 총 다섯 단계로 진행합니다. 영어책 읽기의 궁극적인 목표는 아이가 책을 혼자 읽을 수 있는 5단계에 도달하는 것입니다. 마지막 5단계에 도달하기 위해서는 앞선 1~4단계를 차례로 거치는 것이 좋습니다.

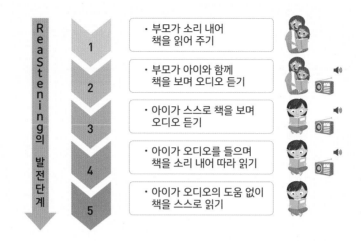

〈ReaStening의 발전 5단계〉

    ReaStening을 다섯 단계로 진행하는 이유는 아이가 가급적 부담 없이 영어책을 읽도록 돕기 위해서입니다. 영어책 읽기를 시작할 때 아이 입장에서 부담이 가장 적은 방법은 1단계처럼 부모가 책을 직접 읽어 주는 것입니다. 오디오 음원을 들을 때도 3단계처럼 아이 혼자서 듣기보다는 2단계처럼 부모와 함께 듣는 것이 심적으로 더 편안함을 느낍니다. 또 5단계처럼 오디오 음원 없이 책을 읽는 것보다는 4단계처럼 오디오 음원을 들으며 읽으면 책 읽기가 더 쉬워집니다.

    이처럼 부모의 존재와 오디오 음원의 도움은 영어책 읽기의 어려움을 줄여 주는 역할을 합니다. 마치 처음 자전거를 배우는 아이에게 보조 바퀴를 달아 주는 것과 같은 이치입니다.

4. 확장 단계: 말하기와 쓰기

확장 단계는 ReaStening 하면서 읽은 내용을 말로 표현해 보고 글로 써 보는 단계입니다. 말하기와 쓰기는 ReaStening이 충분히 진행된 후에 시작합니다. 또한 현재 ReaStening이 가능한 책보다 난이도가 훨씬 쉬운 단계의 책으로 시작하는 것이 좋습니다. 예를 들어, 현재 챕터북을 ReaStening 하고 있다면 말하기는 그림책으로 시작합니다.

말하기를 시작할 시점은 아이가 영어책을 아무런 부담감 없이 소리 내어 읽을 수 있고, 또 아이가 스스로 영어로 말하고 싶어 할 때가 적기입니다. 쓰기도 ReaStening을 충분히 한 후에 그 내용을 토대로 시도해 보는 것이 좋습니다.

단계별 핵심 정리

ReaStening 학습법의 단계별 핵심 내용을 우리 몸에 비유해 표현하면 다음과 같습니다.

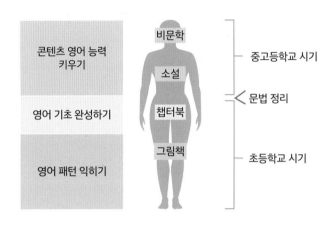

〈ReaStening 단계별 핵심 내용〉

그림책 읽기는 영어의 걸음마를 배우는 단계라고 할 수 있습니다. 그림책을 읽으면서 영어에 대한 감을 익힙니다. 영어에 대한 감을 익힌다는 것은 그림책을 읽으면서 영어의 패턴, 즉 영어 문장의 구조와 단어의 쓰임새를 무의식적으로 배우는 것을 의미합니다. 따라서 그림책 단계에서는 말하거나 쓰기 등에 신경 쓰지 않고, 다양한 그림책을 재미있게 자주 읽는 것이 중요합니다.

챕터북 단계는 걸음마를 통해 배운 내용을 견고하게 다지는 단계로, 몸의 허리처럼 영어의 중심을 탄탄하게 잡아 주는 역할을 합니다. ReaStening 학습법은 아이가 스스로 영어를 터득하는 암묵적 학습법인데, 이 학습법의 효과가 나타나는 시점이 챕터북 단계입니다. 따라서 일단 영어책으로 영어를 배우겠다고 결심했다면 챕터북 단계까지는 인내를 가지고 도전하는 것이 좋습니다.

챕터북 단계에서 영어의 기초를 완성했다면, 소설책과 비문학 단계에서는 어휘력을 높이고 독해력을 향상시킵니다. 소설책을 읽으면서 '마음'을 정교하게 표현할 수 있는 영어 능력을 키우고, 비문학을 읽으면서 '머리'를 체계적으로 표현할 수 있는 영어 능력을 키웁니다.

중·고등학교에 진학하면 현실적으로 영어책을 계속 읽기에 어려움이 있습니다. 소설책 읽기는 영어 실력을 높이는 가장 이상적인 방법이지만, 현실적인 여건을 무시하고 무조건 고집해야 하는 건 아닙니다. 챕터북 단계를 통해 이미 영어의 기틀을 완성했으므로 그 이후부터는 영어를 공부로 접근해도 실력이 향상됩니다.

예를 들어 영어 소설을 읽지 않고 EBS 영어 교재나 지문 중심의 문제집을 풀면서 영어를 공부해도 실력은 향상됩니다. 이는 마치 처음에 눈뭉치를 단단하게 만들어 놓으면 그 다음부터는 눈 위에 굴리기만 해도 눈덩이가 불어나는 것과 같은 이치입니다.

챕터북으로 영어의 기초를 쌓은 후에는 문법을 정리해 보면 좋습니다. 챕터북 단계에서 영어의 유창성을 키웠다면, 문법 정리를 통해 영어의 정확성을 높이는 것이지요. 여기서 '문법을 정리한다'는 말은 '문법을 배운다'는 뜻이 아닙니다. 책을 읽으면서 그동안 어렴풋이 대강 알았던 내용을 체계적으로 확인하고 정리해 보는 과정을 말합니다. 내용 중심으로 책을 읽다 보니 미처 신경 쓰지 못했던 형태적 규칙을 문법서를 통해 확인하고 정리합니다.

　이렇게 문법을 한번 정리하면 글쓰기의 정확성이 높아집니다. 그뿐만 아니라 앞으로 책을 읽을 때 글의 문법에 좀 더 주목하게 되어 향후 영어의 정확성을 높이는 데 큰 도움이 됩니다.

2장

•

영어 그림책으로 시작하기

그림책에는 어린이 영어 학습에 필요한 영양소가 모두 담겨 있습니다. 문법이나 어휘, 어법, 문화 등을 별도로 공부하지 않아도 그림책을 읽으면서 자연스럽게 습득할 수 있습니다. 읽는 과정에서 이 모든 요소를 통합적으로 습득할 수 있기 때문이죠. 또한 그림책을 읽으면서 오디오 음원을 함께 들으면 파닉스를 따로 배우지 않아도 발음과 읽기 능력까지 자연스럽게 습득됩니다.

그림책 읽기 전 준비 단계

그림책을 읽기 전에 생각할 것들

그림책 읽기의 목표는 영어의 뼈대라고 할 수 있는 문장의 패턴과 단어의 쓰임새를 무의식적으로 익히는 것입니다. 영어를 정확하게 배우는 것이 아니라, 영어의 소리와 단어, 구조 등에 대한 감을 익히는 단계입니다. 아이가 그림책으로 영어를 배우기 전에 아래의 내용을 미리 살펴보면 훨씬 도움이 됩니다.

- 그림책 읽기를 시작하기 전에 어떤 준비가 필요할까?
- 그림책은 어떤 방법으로 읽어야 할까?
- 그림책 유형 중의 하나인 패턴북은 무엇이며, 어떻게 활용하면 좋을까?
- 그림책을 ReaStening 할 때는 어떤 방법으로 진행해야 할까?
- 우리 아이에게 맞는 영어 그림책은 어떻게 고르면 좋을까?
- 아이들이 그림책을 읽는 과정에서 '영어를 스스로 터득한다'고 하는데, 구체적으로 어떤 과정을 통해 터득하는 걸까?

영어 동요로 소리 패턴을 익힌다

영어의 소리 패턴을 익히는 데 좋은 방법은 영어 동요를 듣거나 부르는 것입니다. 특히 'Mother Goose(마더구스)'나 'Nursery Rhyme(너서리 라임)'으로 불리는 영어 전래 동요가 좋습니다. 전래 동요는 영어의 리듬과 강세가 생생하게 살아 있고, 멜로디 자체가 한번 들으면 쉽게 기억되는 특성이 있기 때문입니다.

영어 노래를 많이 들으려고 애쓸 필요는 없습니다. 아이가 좋아하는 몇 곡만으로도 충분히 영어의 소리 패턴을 익힐 수 있으니까요. 유튜브를 활용하면 좀 더 쉽게 아이가 좋아하는 다양한 동요를 들을 수 있습니다. 대표적인 유튜브 영어 동요 채널에는 〈Super Simple Songs〉, 〈Cocomelon Nursery Rhymes〉, 〈Wee Sing〉, 〈Disney〉 등이 있습니다.

영어 동영상을 시청한다

ReaStening을 시작하기 전에 어린이를 위해 제작된 동영상을 시청하는 것도 도움이 됩니다. 영어를 몰라도 아이들이 좋아하는 캐릭터가 나오는 동영상을 보면서 영어의 소리 패턴을 익힐 수 있습니다. 아이들은 애니메이션 동영상이나 어린이 영어 프로그램을 간헐적으로 보기만 해도 영어의 소리 패턴에 친숙해집니다.

알파벳의 이름과 대소문자를 익힌다

영어 소리에 익숙해졌다면 알파벳의 이름과 대소문자를 익힙니다. 알파벳의 순서를 아는 것은 중요하지 않지만, 알파벳의 이름은 알아야 하고, 소문자와 대문자를 구별해 인식할 수 있어야 합니다. 어린이를 대상으로 한 연구 결과에 따르면, 알파벳의 이름을 알고 있는 아이가 그렇지 않은 아이보다 영어 읽기를 더 쉽게 배웁니다.

자음의 소리를 익힌다

ReaStening 학습법은 영어 단어를 파닉스 규칙이 아닌 통단어로 읽도록 안내합니다. 영어를 이제 막 배우기 시작한 아이들에게 처음부터 파닉스 규칙을 가르치는 것은 득보다 실이 많기 때문이죠. 그러나 자음 소리를 먼저 익히면 통단어를 읽는 데 하나의 단서로서 큰 도움이 됩니다. 준비 단계에서는 아이들이 이미 잘 알고 있는 영어 외래어 단어를 활용해 자음의 소리를 익히게 합니다.

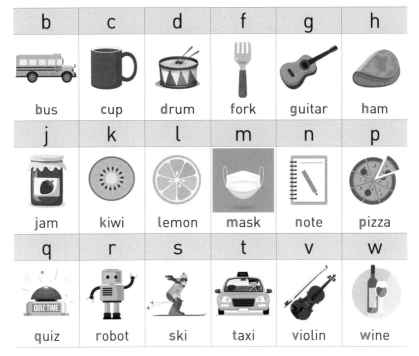

〈외래어를 활용한 영어 자음 소리 익히기〉

앞의 예시처럼 일상적으로 사용하는 외래어 단어를 영어 철자로 제시하고, 각 단어의 첫소리를 알파벳과 연계해 주의 깊게 듣도록 합니다.

외래어로 자음 소리를 익히는 이유는 아이들에게 이미 익숙한 단어이기 때문에 무언가를 새로 배운다는 부담감이 적고, 각 자음의 소리를 기억하기도 수월하기 때문입니다. 물론 bus라는 단어에 익숙하다고 해서 'b'의 소리를 단번에 익히기는 쉽지 않겠죠. 그러나 bus의 'b'를 염두에 두고 ball, bear, bed, book, banana와 같은 단어를 접하면 'b'의 소리를 훨씬 쉽게 익힐 수 있습니다.

다만 외래어로 자음의 소리를 배울 때 꼭 기억해야 할 점이 있습니다. 예를 들어 '버스'는 영어에서 온 외래어지만 영어식 발음과 한국어식 발음이 확연히 다르죠. 따라서 외래어로 자음의 소리를 익힐 때는 반드시 온라인 사전으로 해당 단어의 영어 발음을 먼저 듣게 해야 합니다. 아이가 한국식 발음과 영어식 발음이 어떻게 다른지 그 차이를 직접 느껴야 하기 때문입니다.

다행스러운 점은 아이는 성인보다 청각 자극에 훨씬 민감해서 발음 차이를 금세 간파한다는 겁니다. 하지만 발음 때문에 외래어를 활용하는 방법이 꺼려진다면, 유튜브 등에서 Letter sounds song이나 Phonics song 등을 검색해 알파벳의 기본 음가를 노래로 익히는 방법도 있습니다.

그림책 읽기 가이드

그림책 읽기는 공부가 아니다

준비 단계에서 영어의 소리에 친숙해졌다면, 이제는 본격적으로 그림책 읽기를 시작할 차례입니다. 이때 중요한 것은 아이가 '그림책 읽기는 공부가 아니구나!'라고 느끼도록 하는 겁니다. 교과서를 읽는 것처럼 책상에 반듯이 앉아 정신을 집중하고 한 글자 한 글자를 손가락으로 짚으며 열심히 정독하는 것은 피해야 합니다. 그림책을 공부하듯이 읽는다면 영어책 읽기가 즐거운 경험이 될 수 없겠죠.

만약 책 읽기를 좋아하지 않는 아이라면 더더욱 느슨하고 편안한 분위기를 조성해 줍니다. 되도록 책상보다는 소파처럼 안락한 장소에서 가벼운 마음과 편안한 자세로 읽게 하는 것이 효과적입니다.

영어 그림책 선택 기준은 흥미와 이해도

초기 단계에서 영어 그림책을 선택할 때 중요한 두 가지 기준은 '흥미'와 '이해도'입니다. 아이가 평소 좋아하는 대상이나 주제를 다루는 책이 좋습니다. 혹은 영어를 몰라도 그림으로 그 내용을 추측할 수 있는 책을 고르는 것이 좋습니다. 평소 강아지를 좋아하는 아이라면 강아지가 주인공인 그림책에 흥미를 느낄 겁니다. 자동차에 관심이 많다면 다양한 차종이 등장하는 그림책이 적당하겠지요.

이렇게 아이가 좋아하는 내용으로 범위를 좁혔다면, 다음으론 아이가 이해할 수 있는 수준인지를 살펴야 합니다. 굳이 한국어로 번역해 주지 않아도 아이가 책의 내용이나 문장 뜻을 이해할 수 있는 수준의 그림책을 고릅니다.

그림 중심의 그림책으로 시작한다

그림책은 크게 둘로 나눌 수 있습니다. 하나는 그림이 이야기를 이끌어가는 '그림 중심의 그림책(picture books)'이고, 다른 하나는 글이 이야기를 이끌어가는 '이야기 중심의 그림책(picture storybooks)'입니다. 영어를 처음 배우는 단계에서는 그림 중심의 그림책으로 시작해야 글의 내용을 한글로 번역해 주지 않아도 아이가 그 내용을 쉽게 이해할 수 있습니다. 그림만 봐도 어떤 내용인지 대충 짐작이 된다면 '그림 중심의 그림책'이라고 보면 됩니다.

그림 중심의 그림책에는 페이지마다 대략 한두 문장의 영어가 나오고, 책의 분량도 32페이지 이내로 짧습니다. 제프 맥(Jeff Mack)의 그림책 『Good News, Bad News(좋은 소식, 나쁜 소식)』를 예로 들어 볼까요?

이 책은 토끼와 생쥐가 소풍 가는 이야기로, 똑같은 상황에서 항상 긍정적으로 받아들이는 토끼와 매사를 부정적으로 받아들이는 생쥐의 차이를 대조적으로 보여 줍니다. 이 그림책에서 사용되는 표현은 Good news와 Bad news가 전부여서 영어를 몰라도 이해하기 쉽습니다. 내용도 아이들의 흥미를 끌기에 충분하고, 전달하는 메시지도 훌륭합니다. 따라서 처음 시작하는 단계에서는 이와 같은 그림 중심의 책을 활용하면 부담감 없이 영어 그림책 읽기를 시작할 수 있습니다.

'정확히'보다 '대강' 읽는 것이 좋다

그림 중심의 그림책을 쉽게 읽을 수 있다면 이제 이야기 중심의 그림책을 읽습니다. 이야기 중심의 그림책은 글이 제법 많고, 단어나 문장의 뜻도 그림으로 추측하기에는 한계가 있죠. 이럴 때는 모든 단어를 '정확히' 이해하려고 하지 말고 '대강' 읽어야 합니다.

다음의 글은 태드 힐스(Tad Hills)의 그림책 『Duck and Goose(오리와 거위)』의 일부분입니다.

"Oh my, what is that?" Duck **quacked**.
"That's a silly question." Goose **honked**.
"It is a big egg, of course."
"Of course it is an egg. I know that!" **huffed** Duck.
"What I mean is, where did it come from?"

밑줄 친 단어들은 영어를 배우기 시작한 아이들에게는 꽤나 어려운 단어지만, 책의 이야기를 이해하는 데 꼭 필요한 단어는 아닙니다. 이럴 때는 그냥 지나가는 것이 좋습니다. 정확히 무슨 뜻인지는 모르겠지만 '따옴표 안에 있는 말을 했다는 뜻인가 보구나.'라고 짐작하기만 하면 됩니다. 책을 읽는 중간에 모르는 단어가 나올 때마다 그 뜻을 사전에서 찾게 되면 이야기의 흐름이 끊겨서 책 읽는 즐거움이 사라질 뿐만 아니라, 책 읽기가 공부로 느껴질 수 있습니다.

여기서 '대강 읽기'는 '건성건성 읽기'와는 다릅니다. 책을 건성으로 읽는다는 것은 내용을 이해하려고 노력하거나 집중하지 않고 대충 눈으로만 읽는 겁니다. 만약 아이가 책을 읽고도 어떤 내용인지 알지 못한다면 건성으로 읽었다고 봐야겠죠. 반대로 책을 대강 읽으면 개별 단어의 정확한 뜻이나 자세한 내용은 모르지만, 이야기의 흐름과 핵심 내용은 이해합니다.

초기 그림책 단계에서는 정확하게 읽는 것보다 즐겁게 많이 읽는 것이 훨씬 중요합니다. 대강 읽는 능력이야말로 그림책 읽기에 꼭 필요한 능력입니다.

'95퍼센트 어휘 기준', 그림책에는 해당되지 않는다

영어 교육학자들은 아이가 읽을 영어책을 선택하는 기준으로 책에 있는 단어의 95퍼센트 이상을 이해할 수 있는 책을 고르라고 권합니다. 예를 들어 한 페이지에 100개의 단어가 있다고 할 때, 이 중 모르는 단어가 5개 이상이면 그 책은 읽기에 적절하지 않다는 것이죠.

그렇다면 그림책을 '대강' 읽으라는 말은 이 기준과 상반된 주장일까요? 그렇지 않습니다. 영어 교육학자들이 말하는 '95퍼센트 어휘 기준'은 그림책이 아닌 텍스트 중심의 책을 고를 때 적용됩니다. 아이가 혼자 책을 읽을 때 그 내용을 온전히 이해하려면 적어도 95퍼센트의 단어를 알고 있어야 한다는 겁니다.

하지만 그림책은 다릅니다. 모르는 단어가 있어도 삽화가 있어서 그 뜻을 추측하기가 훨씬 수월합니다. 그림책으로 영어를 배우는 이유는 단어나 문장의 뜻을 몰라도 그림을 활용해 그 뜻을 유추하고, 모르는 단어와 문장의 뜻을 배워 나가기 위해서입니다. 따라서 95퍼센트 어휘 기준은 그림책에는 적용할 필요가 없습니다.

모르는 단어가 나오면 어떻게 해야 할까?

앞서 말한 것처럼, 그림책 단계에서는 '정확히'보다는 '대강' 읽는 것이 좋습니다. 그렇다면 모르는 단어가 나와도 사전을 찾지 말아야 할까요? 그림책의 이야기를 따라가는 데 그 단어가 필요한지 아닌지에 따라 다릅니다. 만약 그림책의 이야기를 이해하는 데 무리가 없다면 사전은 가급적 찾지 않는 것이 좋습니다. 그러나 책 제목에 나오거나 계속 반복적으로 등장하는 단어라면 찾아보는 것이 좋습니다.

그림책 한 권을 읽는데 사전에서 찾아야 하는 단어가 너무 많나요? 부모가 한국어로 해석해 주지 않으면 책의 내용을 이해하기가 어렵나요? 그렇다면 그 책은 아이의 수준에 맞는 책이 아닙니다.

만약 모르는 단어가 많이 나오는 그림책이라면 사전을 찾아가며 읽으려고 하지 말고, 더 쉬운 책을 골라서 읽어야 합니다. 어려운 책 한 권을 읽기보다는 사전을 찾지 않고도 읽을 수 있는 쉬운 책 여러 권을 읽는 것이 영어 학습에 훨씬 더 효과적입니다.

그림책 단계에서 추측 능력을 키워라

그림책을 읽는 단계에서 키워야 할 중요한 능력 중 하나가 추측 능력입니다. 추측 능력이란 아이가 그림책의 삽화와 이야기의 전후 맥락, 그리고 자신이 알고 있는 배경 지식 등을 모두 활용해 문장이나 단어의 뜻을 추측해 내는 능력입니다. 즉 주어진 자료를 바탕으로 단어나 문장의 의미를 만들어 내는 능력입니다.

그림책 단계에서 추측 능력을 키우는 것이 매우 중요합니다. 이 단계에서 키운 추측 능력이 아이의 인지 발달뿐만 아니라 향후 독해력과 추론 능력의 토대가 되기 때문입니다. 따라서 모르는 표현이 나올 때 부모가 먼저 해석해 주기보다는 아이가 스스로 이런저런 단서를 활용해 추측하도록 북돋아 줘야 합니다.

어떤 부모들은 아이가 그림책을 대강 읽으면 단어의 뜻을 잘못 이해할 수 있고, 영어 실력도 늘지 않을 거라고 걱정합니다. 그래서 아이가 무슨 뜻인지 추측하기 전에 부모가 나서서 한국어로 해석해 수기도 합니다. 그러나 부모가 지속적으로 뜻풀이를 해 주면 아이는 한국말을 들으면서 그림책을 보는 것과 마찬가지입니다. 영어 학습의 효과가 사라지는 셈이지요. 또한 아이가 노력해 보기도 전에 부모가 뜻을 알려 주면 아이는 영어책 읽기에 수동적으로 참여할 뿐 아니라, 차후에도 굳이 힘들게 추측하려고 노력하지 않을 겁니다.

그림책 읽기 단계에서 추측 능력을 키우라고 강조하는 또 다른 이유가 있습니다. 그림책에서 주로 접하는 기초 단어들의 상당수가 한국어로 일대일 번역이 되지 않기 때문입니다. 가령, play라는 동사의 뜻을 제대로 배우려면 한국어에 상응어가 없으므로 그 단어의 뜻을 문맥에 따라 추측해서 감으로 익혀야 합니다. 만약 '놀다'라고만 외운다면 영단어 play의 진짜 뜻은 배우지 못합니다. play의 뜻은 '연주하다', '운동하다', '장난하다'와 같이 문맥에 따라 매번 달라지니까요.

이처럼 자주 사용되는 영어 동사나 전치사, 또는 감정을 나타내는 단어들은 한국어 단어로 표현하기 어려울 때가 많습니다. 이런 기초 단어들은 그 뜻을 문맥을 통해 추측하면서 익혀야 더 정확하게 배울 수 있습니다.

재미있는 리더스북 고르기

리더스북(graded readers)은 영어권 어린이들의 읽기 학습을 돕기 위해 출판된 교육용 책입니다. 일반적인 그림책에 비하면 아이들의 흥미도가 떨어질 수 있지만, 잘 고르면 그림책보다 영어 교육에 더 효과적인 책도 많습니다. 가령, 미국도서관협회가 수여하는 가이젤 상(Geisel Award)을 받은 책들은 문장이 쉽고 어휘 수도 많지 않은 데도 흥미롭게 이야기를 풀어내 영어 교재로 추천할 만합니다.

만약 영어책을 고르기가 부담스러운 부모라면, 리더스북으로 시작하는 것도 하나의 대안일 수 있습니다. 리더스북은 유명 출판사에서 단계별로 펴낸 책들이 많아서 그림책보다 선택하기가 훨씬 수월합니다.

또한 ReaStening을 하기에도 리더스북이 그림책보다 더 효과적인 측면이 있습니다. 리더스북은 어린이들이 영어 읽기를 쉽게 배울 수 있도록 교육 목적으로 출판되었기 때문에 글자가 크고 문장이 단순하며 오디오 음원의 속도도 느린 편이니까요. 그림책보다 더 쉽게 읽을 수 있다는 장점이 있죠.

리더스북에는 아이들이 좋아하는 캐릭터를 주인공으로 한 시리즈들이 있습니다. 다섯 개 이내의 챕터로 구성된 40쪽 내외의 리더스북은 그림책과 챕터북 사이의 다리 역할을 해 줍니다. 일반적으로 그림책을 읽던 아이들이 챕터북으로 진입할 때 영어의 난이도 차이로 인해 어려워합니다. 챕터북은 그림책과는 달리 그림은 적고 글이 많으며 책의 길이도 길기 때문이죠. 이때 재미있는 리더스북 시리즈를 골라서 읽으면 챕터북으로 자연스럽게 진입하는 데 도움이 됩니다.

그림책 대신 리더스북만 읽어도 될까?

그림책과 리더스북을 섞어서 읽기를 추천합니다. 리더스북은 어린이가 영어 읽기를 연습할 수 있도록 어휘나 구문을 미리 계획한 책이기 때문에 영어를 배우기 쉽다는 장점이 있습니다. 그러나 이는 동시에 단점이 되기도 합니다. 리더스북으로만 책 읽기를 하면 추측 능력이 덜 발달할 가능성이 있기 때문입니다.

비유하자면 리더스북은 아스팔트를 깔아 놓은 길과 같습니다. 아이는 깔끔하게 정리된 책을 편하게 읽기만 하면 됩니다. 반면에 문학 작품으로 출판된 그림책은 비포장도로라고 할 수 있습니다. 그림책은 영어 학습을 위해 집필한 책이 아니어서 갑자기 어려운 표현이나 복잡한 구문이 툭툭 튀어나오기도 합니다. 놀라운 점은 그림책의 이 같은 돌발 상황을 해결해 나가는 과정에서 아이의 읽기 근육이 성장한다는 것입니다.

읽기는 심리적이고 언어적인 추측 게임입니다. 배경 지식이나 맥락을 활용해 모르는 표현도 이해할 수 있는 능력이 필요하죠. 따라서 추측해야 알 수 있는 돌발적인 표현이 많은 그림책은 영어를 배우기 시작한 아이에게는 읽기 근육을 키워 주는 역할을 합니다. 장기적으로 읽기 능력의 향상에 도움이 됩니다.

리더스북과 비교해 그림책만의 또 다른 장점은 선택할 수 있는 책의 종류가 아주 많다는 겁니다. 아이의 취향이나 흥미에 맞는 책을 고르기가 쉽죠. 또한 우리가 한국에서 접하는 대부분의 영어 그림책은 이미 시장과 세월의 검증을 받은 훌륭한 책일 가능성이 큽니다. 따라서 리더스북과 그림책을 적절히 섞어 가며 읽는 것이 두 책의 장점을 모두 취하는 방법입니다.

정보책은 꼭 읽어야 할까?

정보책(information books)은 수학, 과학, 역사 등의 교과 내용을 쉽게 풀어서 지식이나 정보를 전달하는 책을 말합니다. 일부 학부모들은 균형 있는 독서와 영어의 다양한 문체를 배우기 위해 정보책을 꼭 읽어야 한다고 말합니다. 그림책 단계에서 정보책을 꼭 읽어야 할까요?

만약 아이가 허구를 다루는 이야기책을 좋아하지 않고 사실적 내용을 좋아하는 성향이라면 정보책이 좋은 대안일 겁니다. 아이가 특정 주제에 대해 더 자세히 알고 싶어 한다면, 해당 주제를 다룬 정보책을 읽는 것이 도움이 되죠. 하지만 아이가 원하지 않는데도 불구하고 독서의 균형이나 다양한 문체를 가르칠 목적으로 정보책 읽기를 강요하는 것은 문제가 있습니다.

영어 학습의 측면에서 볼 때, 정보책이 이야기책보다 더 효과적이라고 말하기는 어렵습니다. 정보책에는 우주나 태양계, 수소, 조류와 양서류, 민주주의처럼 개념을 나타내는 단어가 많이 사용됩니다. 이러한 개념을 아직 모르는 상태라면 정보책을 읽어도 영어 학습에는 큰 도움이 되지 않습니다. 영어의 기초 실력을 쌓는 것과도 관계가 없습니다. 다양한 주제의 책을 읽는 것은 바람직하지만, 아이가 정보책을 좋아하지 않는다면 억지로 읽게 할 필요는 없습니다.

아이가 원하지 않는 독후 활동은 금물

책을 읽은 후에 이해도를 확인하기 위해 워크북 문제를 풀게 하거나 단어 시험을 보는 경우가 있습니다. 사고력을 향상하기 위해 독후감을 쓰게 하거나 토론을 권장하기도 하죠. 그러나 그림책 단계에서 이러한 독후 활동은 아이 스스로가 좋아하는 경우가 아니면 영어 학습에 도움이 되지 않습니다.

영어책을 읽은 후 매번 독후 활동을 해야 한다면 아이는 그림책 읽기를 공부로 인식하게 되고, 책을 읽기도 전에 심적 부담을 느끼게 됩니다. 부담감이 앞서면 책에 대한 기대나 즐거움이 사라지기 때문에 책 읽기를 회피할 수도 있습니다.

만약 책을 읽은 후 무언가를 하고 싶다면 아이가 부담을 느끼는 독후 활동보다는, 책의 내용에 관해 이야기를 나누는 편이 훨씬 더 의미 있는 경험이 될 수 있습니다. 예를 들어, 주인공의 성격이나 행동에 대해 어떻게 생각하는지, 책의 내용 중 어떤 점이 좋았는지를 물어보거나 함께 이야기를 나누는 것이죠.

이 과정에서 아이는 자신의 현실에 빗대 이야기를 풀어내기도 하고, 자기 생각을 자연스럽게 이야기하기도 합니다. 독후 활동의 목적인 이해력과 사고력을 키울 수 있는 것이죠. 더불어 평소 몰랐던 아이의 성향이나 생각을 알게 되는 계기가 될 수도 있습니다.

책 읽기를 위한 최고의 자산은 즐거움과 자신감

성공의 경험은 자신감의 시작입니다. 아이가 성공의 느낌을 맛보도록 하려면 쉬운 책을 읽게 해야 합니다. 일단 초기에는 글자 수가 적고 두께가 얇은 쉬운 책 위주로 고릅니다. 그래야 자신감과 성취감이 생겨서 다른 책도 읽고 싶어지니까요. 부모의 칭찬도 필수입니다. 설사 아이가 기대에 못 미치고 미흡하더라도 칭찬과 격려를 듬뿍 해줘야 합니다. 오늘의 성취보다는 흥미와 즐거움을 우선시해야 책 읽기를 오래 할 수 있으니까요.

영어책 읽기는 수년에 걸친 장기 프로젝트입니다. 그 과정이 즐겁지 않다면 오래 하기가 쉽지 않습니다. 오늘 하루 집중해서 많이 배우려고 욕심을 내다가 아이가 책 읽기 자체를 싫어하면 그동안의 노력은 물거품이 됩니다. 오늘 책 읽기 시간이 즐거웠고 내일 또 읽고 싶어 해야 성공입니다. 처음부터 균형 잡힌 독서를 생각하거나 교육 목적으로 접근한다면 책에 대한 호기심과 흥미라는 새싹이 말라 버리고 맙니다. 싹이 튼튼하게 자라서 누가 만져도 끄떡없을 정도로 견고해졌을 때 균형과 교육을 생각해도 늦지 않습니다.

패턴북으로 영어 패턴 익히기

표현이 반복되는 패턴북

패턴북(patterned books)이란 그림책 중에서 이야기나 표현이 반복적으로 사용되는 책을 말합니다. 독자가 다음에 전개될 내용을 예측할 수 있기 때문에 '예측 가능한 패턴북'이라고도 부릅니다. 전 세계적으로 가장 널리 읽히는 패턴북으로 에릭 칼(Eric Carle)의 『Brown Bear, Brown Bear, What Do You See?(갈색 곰아, 갈색 곰아, 무엇을 보고 있니?)』를 꼽을 수 있습니다.

패턴북을 별도로 살펴보는 이유는 초기 그림책 단계에서 패턴북을 활용하면 영어의 문장 구조를 쉽게 익힐 수 있기 때문입니다. 즉, 글이 단순하고 반복적인 표현으로 구성돼 있어서 문법을 따로 배우지 않아도 영어 문장의 패턴을 무의식적으로 쉽게 배울 수 있습니다. 또한 영어의 리듬과 운율이 살아 있어서 발음을 익히기에도 좋습니다. 그뿐만 아니라 패턴북을 잘 활용하면 아이가 영어 읽기와 말하기, 쓰기를 부담 없이 시작할 수 있습니다.

이처럼 패턴북은 다양한 장점이 있어서 영어권 나라의 어린이들이 읽기를 처음 배울 때 읽기 교재로 흔히 사용됩니다. 발음이나 언어 능력에 장애가 있는 어린이들을 치료하는 스피치 클리닉에서 교재로 사용하기도 합니다.

패턴북 예시 ①:『Quick as a Cricket』

패턴북의 예로 오드리 우드(Audrey Wood)가 글을 쓰고 돈 우드(Don Wood)가 삽화를 그린 그림책『Quick as a Cricket』을 살펴볼까요? 주인공 소년이 여러 동물과 자신을 비교하면서 마침내 자신이 누구인지를 알아가는 이야기입니다. 이 책은 이러한 내용을 동등 비교 구문인 'as ~ as' 패턴으로 엮어 냅니다.

<table>
<tr><td>패턴</td><td>I'm as __quick__ as a __cricket__ .</td></tr>
</table>

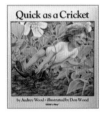

I'm as quick as a cricket. I'm as slow as a snail.
I'm as small as an ant. I'm as large as a whale.
I'm as nice as a bunny. I'm as mean as a shark.
                    :   :
I'm as brave as a tiger. I'm as shy as a shrimp.
I'm as lazy as a lizard. I'm as busy as a bee.
Put it all together, And you've got ME!

예문에서 보듯이 이 책은 하나의 문장 패턴으로 전체 이야기를 이끌어 갑니다. 그리고 마지막에는 'Put it all together, And you've got ME!(그거 다 합치면 바로 나야!)'라고 하면서 모든 문장을 하나의 이야기로 엮어 냅니다. 빠를 때도 있지만 느릴 때도 있고, 게으를 때도 있지만 부지런할 때도 있다는 말을 통해 어린이들은 주인공과 공감하게 됩니다.

혹자는 이 책이 'as ~ as' 구문을 사용하기 때문에 초보 학습자가 읽기에는 적절하지 않다고 생각할 수도 있습니다. 그러나 정작 아이들은 이

책을 어렵다고 생각하지 않습니다. 그 이유는 '정확히'가 아니라 '대강' 읽기 때문입니다. 아이들의 관심은 'as ~ as' 표현이 아니라, 그 안에 담긴 내용에 쏠려 있습니다.

예를 들어 I'm as brave as a tiger.라는 문장을 들으면 brave와 tiger에 집중합니다. 이 문장을 오디오로 들으면 아이들 귀에는 강세가 있는 brave와 tiger만 크게 들립니다. 이 단어들에 강세가 있는 이유는 이 단어의 뜻이 중요하기 때문입니다. 반면에 as에는 강세가 없어 잘 안 들리고 별다른 의미도 없어서 크게 신경 쓰지 않습니다. 아이들은 이렇게 의미를 전달하는 단어들에 집중하기 때문에 오히려 영어를 쉽게 배웁니다.

패턴북 예시 ② : 『Brown Bear, Brown Bear, What Do You See?』

패턴북의 또 다른 유형으로 빌 마틴 주니어(Bill Martin Jr.)가 글을 쓰고 에릭 칼(Eric Carle)이 삽화를 그린 『Brown Bear, Brown Bear, What Do You See?』를 살펴볼까요?

이 그림책은 마치 두 사람이 대화하듯이 질문과 대답이 이어지는 문답형 패턴북입니다. 문답형 패턴북의 장점은 대화체로 진행되기 때문에 말하기 연습에 도움을 줄 뿐만 아니라, 리듬감이 살아 있어서 영어 발음 연습에도 효과적입니다. 이 책을 읽는 데 필요한 구문은 다음 페이지의 예시에서 보듯이 '문답 패턴'에 제시된 문형 두 개입니다.

이 책은 내레이터가 동물들에게 무엇이 보이느냐고 질문하면 동물들이 대답하는 형식으로 대화가 계속 이어집니다. 동물들은 사람처럼 대답하기 때문에 아이는 자신이 동물과 대화하는 것처럼 몰입합니다. 똑같은

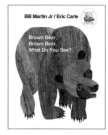

Brown Bear, Brown Bear, **What do you see?**
I see a red bird **looking at me.**

Red Bird, Red Bird, **What do you see?**
I see a yellow duck **looking at me.**

Yellow Duck, Yellow Duck, **What do you see?**
I see a blue horse **looking at me.**

Teacher, Teacher, **What do you see?**
I see children **looking at me.**

Children, Children, **What do you see?**
We see a brown bear, a red bird, yellow duck...

문답 패턴이 반복되지만 전혀 지루해하지 않고, 오히려 반복적인 패턴에 중독성까지 느낍니다.

이 책은 언어적 난이도만 따진다면 영어권 나라의 초등학교 1학년 학생들에게 적합합니다. 그러나 그림이 있고 문장 패턴이 문맥 속에서 반복되기 때문에 영어 초보자도 '동사+-ing' 같은 분사 구문을 쉽게 배울 수 있습니다. 아이들은 분사 구문이 무엇인지는 모르지만, 이 패턴북을 몇 번만 반복해 읽으면 금방 문장을 통째로 외웁니다.

패턴북 예시 ③: 『Five Little Monkeys Jumping on the Bed』

패턴북 중에는 노래 가사를 바탕으로 쓴 그림책도 있습니다. 에일린

크리스텔로(Eileen Christelow)의 『Five Little Monkeys Jumping on the Bed』가 대표적입니다.

반복
패턴

1. Five little monkeys jumping on the bed.
   One fell off and bumped his head.
   Mama called the doctor and the doctor said,
   "No more monkeys jumping on the bed!"

2. Four little monkeys ....
3. Three little monkeys ....
4. Two little monkeys ....
5. One little monkey ....

이 그림책은 네 줄의 문장이 하나의 덩어리를 이루면서 숫자만 바뀌고 나머지 텍스트가 모두 동일하게 계속 반복되는 패턴을 보입니다. 그러나 이야기가 진행되면서 원숭이들이 한 마리씩 침대 아래로 떨어지기 때문에 전혀 지루하지 않죠. 이 패턴북을 몇 번만 듣거나 노래를 부르듯이 리듬에 맞춰 읽고 나면 아이는 위의 표현들을 저절로 암기하고 문장의 패턴을 무의식적으로 터득합니다.

패턴북으로 영어에 대한 두려움을 없애고 자신감을 키운다

그림책 초기 단계에서 패턴북을 사용할 때 가장 큰 장점은 아이에게 자신감을 줄 수 있다는 겁니다. 영어를 두려워하는 아이라도 한두 문장만 배우면 책을 혼자 읽어 낼 수 있기 때문에 '나도 할 수 있다'는 자신감을 가집니다. 한두 문장만 배워도 책 한 권을 끝까지 읽을 수 있으니까 성

취감도 느낄 수 있습니다. 또한 이야기의 구조가 반복되기 때문에 다음에 나올 내용을 예측할 수 있어서 심리적으로 안정감도 느낍니다. 이처럼 그림책의 초기 단계에서 패턴북을 잘 활용하면 영어 학습에 대한 진입 장벽을 크게 낮출 수 있습니다. 패턴북 추천 목록은 부록에 있습니다.

그림책 ReaStening 진행 방법

초기 단계에는 부모가 함께한다

ReaStening 학습법은 아이가 영어를 스스로 배우는 방법이지만 초기에는 부모의 도움이 필요합니다. 그림책을 읽는 첫날부터 오디오 음원을 들으면서 혼자 책을 읽으면 어려울 뿐만 아니라 책 읽는 즐거움을 느끼기 어렵기 때문입니다. 오디오는 잘 해냈다는 격려나 칭찬의 눈빛을 주지 않고, 공감하는 마음도 함께 나눌 수 없으니까요. 또한 오디오는 이미 녹음된 소리이기 때문에 아이의 흥미를 반영하거나 읽기 속도를 조절할 수도 없습니다.

이처럼 오디오 음원은 한계가 있으므로 그림책을 처음 읽을 때는 부모가 직접 읽어 주는 것이 효과적입니다. 부모가 영어에 자신이 없다고 해도 한두 문장으로 구성된 아주 쉬운 그림책 정도는 무리가 아닐 겁니다. 만약 책을 읽어 주기가 어려운 상황이라면, 부모와 아이가 오디오 음원을 들으면서 함께 책을 읽는 것도 좋은 방법입니다.

멈춰 있는 바퀴를 굴리려면 큰 힘이 필요하지만, 일단 굴러가기 시작한 바퀴는 방향만 잘 조정해 주면 됩니다. 이와 마찬가지로 **ReaStening**의 초기 단계에서는 부모의 노력과 인내가 필요합니다. 그러나 점차 아이가 혼자서 책을 읽게 되면 부모는 안내자 역할만 하면 됩니다. 아이의 수준과 흥미에 맞는 책을 함께 고르거나 아이가 선택하도록 도와주는 거지요.

아이와 함께 ReaStening 하는 기간은 생각보다 길지 않습니다. 너무 큰 부담을 갖지 말고 즐거운 마음으로 시작하면 됩니다. 아이가 성장한 뒤 돌이켜 보면 ReaStening을 함께하며 대화를 나누던 시간이 오히려 소중한 추억으로 남을 것입니다.

그림책 ReaStening을 위한 준비 운동

ReaStening을 시작할 때는 아이가 영어책 읽기를 공부로 느끼지 않도록 하는 것이 중요합니다. 그러자면 일종의 준비운동이 필요합니다. 먼저 책 표지의 그림을 보면서 어떤 내용일지 추측해 보고 책 제목을 읽어 봅니다. 그다음에는 책 속의 그림을 구경하듯이 쭉 살펴봅니다. 이것을 '그림 읽기'라고 부릅니다.

그림을 먼저 읽으면서 이야기의 내용을 예측해 보면 새로 배우는 영어에 대한 심적 부담을 최소화할 수 있습니다. 페이지마다 영어 단어나 문장이 한두 개씩 제시된 그림책은 그림만 봐도 문장의 뜻을 대략 추측해 볼 수 있습니다.

그림 읽기가 끝나면 ReaStening을 시작합니다. 이때 처음부터 모든 단어나 문장을 정확히 읽는 것은 피해야 합니다. 그림책으로 처음 ReaStening을 시작할 때는 내용상 중요한 단어나 반복되는 단어 몇 개 정도만 눈으로 따라 읽으면서 그 모양에 익숙해지면 충분합니다. 예를 들어, Look at that monster.라는 문장을 읽을 때 처음에는 monster의 모양에 익숙해지고, 다음에는 look에 익숙해지는 식으로 진행합니다.

ReaStening의 주도권은 아이에게 넘긴다

평소에는 남의 일처럼 시큰둥하던 사람도 대표 역할을 맡으면 적극적이고 능동적으로 변화합니다. 아이들도 다르지 않습니다. 영어책을 **ReaStening** 할 때 주도권을 아이가 가지면 더 열심히 주도적으로 책을 읽게 됩니다.

아이에게 주도권을 주려면 어떻게 해야 할까요? 어떤 책을 읽을지, 어느 장소에서 읽을지, 하루 중 어느 시간대에 읽을지에 관한 결정을 아이에게 맡기면 됩니다. 또한 책 읽는 속도도 아이가 스스로 조절하도록 합니다. 아이가 책장을 넘기는 역할을 하면 자연스럽게 자신의 속도에 맞춰서 책을 읽게 됩니다. 자신이 원하는 내용이나 페이지에서 시간을 충분히 보낼 수 있죠.

아이가 책의 내용을 이해했는지 확인하고 싶을 때도 주도권은 아이에게 주어야 합니다. 가령, 지금까지는 "토끼가 왜 슬퍼하는 거야?"라는 질문을 엄마가 아이에게 했다면, 이제부터는 아이가 엄마에게 질문하도록 유도합니다. 이 패턴이 정해지면 아이는 리더 역할을 하기 때문에 책의 내용에 더 집중하고 스스로 생각하면서 질문거리를 찾습니다. 교육적으로도 주어진 질문에 대답하는 것보다 스스로 먼저 질문하는 것이 훨씬 좋은 효과를 얻을 수 있습니다.

ReaStening은 계단식이 아니라 나선형이다

책읽기 방법으로 계단식과 나선형이 있습니다. 계단식 독서는 한 권을 정확하고 꼼꼼하게 읽은 후에 다음 책을 읽는 방법입니다. 하지만

ReaStening을 할 때는 여러 권을 번갈아 대강 읽는 나선형 읽기 방법이 훨씬 효과적입니다. 나선형 읽기 방법이란 책을 처음 읽을 때는 30퍼센트 정도만 이해하고, 두 번째 읽을 때는 50퍼센트를 이해하는 식으로 점진적으로 이해도를 높여 가는 방법을 말합니다. 즉 이야기의 내용은 그림으로 추측하고, 문자의 이해도는 반복 읽기를 통해 점차 늘려가는 겁니다.

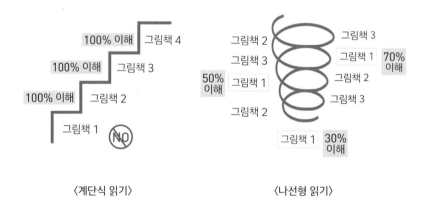

〈계단식 읽기〉   〈나선형 읽기〉

책을 반복해서 읽으면 아이는 인지적 부담을 훨씬 덜 느낍니다. 두 번째부터는 어느 정도 책의 내용에 익숙해져서 처음에는 보지 못했던 세부적인 것들에도 관심을 둘 여력이 생깁니다. 가장 중요한 것은 같은 책을 반복적으로 읽으면 차츰 영어 글자가 눈에 들어오기 시작한다는 겁니다. 즉 반복해서 읽으면 익숙해지면서 쉬워지고, 쉽다고 느끼면 자신감이 생깁니다.

이처럼 그림책을 반복적으로 읽으면 ReaStening을 공부로 느끼지 않고 영어를 부담 없이 배울 수 있습니다. 물론 아이의 성향에 따라 같은 책을 다시 읽는 것을 좋아하지 않을 수도 있습니다. 이때는 비슷한 수준의 다양한 책을 읽게 하면 반복 읽기와 유사한 효과를 기대할 수 있습니다.

소리 내어 읽기는 언제 시작할까?

그림책을 소리 내어 읽는 시기는 아이마다 다릅니다. 그림책과 오디오 음원을 반복적으로 읽고 들으면서 자연스럽게 소리 내어 읽는 아이가 있는가 하면, 소리 내어 읽는 것 자체를 꺼리는 아이도 있습니다. 그렇다고 해서 우리 아이만 늦는 건 아닐까 걱정하거나 조바심을 낼 필요는 없습니다. ReaStening의 수준이 일정 이상 올라가면 과거에 읽었던 쉬운 단계의 책 정도는 어렵지 않게 소리 내어 읽을 수 있게 되니까요.

아이가 영어책을 소리 내어 읽기 시작할 때는 리더스북을 활용하면 효과적입니다. 리더스북은 글자도 크고 단어와 문장 구조도 읽기 단계에 맞게 구성돼 있어서 처음 소리 내어 읽기용으로 안성맞춤입니다.

리더스북으로 소리 내어 읽기를 시작할 때 아주 기초적인 파닉스 규칙을 배우는 것은 도움이 됩니다. 소리 내어 읽기에 도움이 되는 기초적인 파닉스 규칙은 3부 3장에 있습니다.

오디오 음원이 없는 그림책을 읽을 때

영어 그림책은 대부분 오디오 CD나 음원 파일을 제공하지만 그렇지 않은 경우도 있습니다. 그럴 때는 유튜브 영상 자료를 활용하면 됩니다.

아이들에게 널리 읽히는 책일수록 소리 내어 읽어 주는 영상이 유튜브에 많이 올라와 있습니다. 유튜브 검색창에 원하는 책 제목과 작가명을 입력하고 그 뒤에 Read Aloud 또는 Read Along을 덧붙여 검색하면 영어 원어민이 읽어 주는 영상을 손쉽게 찾을 수 있습니다. 다양한 영상 중에서 아이가 좋아하는 목소리나 읽기 속도가 안정적인 영상을 고른 후에 음원 추출 프로그램을 활용하면 됩니다.

아이가 정확한 단어 뜻을 몰라도 괜찮다

ReaStening을 하다 보면 부모는 아이의 영어 실력이 어느 정도인지 확인해 보고 싶어집니다. 이때 단어 하나를 콕 짚어서 그 뜻을 물었는데 아이가 정확하게 대답하지 못하면 불안한 마음이 들기도 합니다. 하지만 아이가 단어 뜻을 정확하게 말하지 못하는 현상은 암묵적 학습의 과정에서 나타나는 매우 일반적인 특징입니다.

초기 단계에서는 문맥 속에서 대략적인 느낌으로 영어를 배우기 때문에 정확한 뜻을 모르는 것이 정상입니다. 만약 아이가 여러 번 읽은 책인데도 그 내용을 모른다면 문제가 되겠지만, 전체적인 이야기를 알고 있다면 특정 단어의 정확한 뜻을 모르는 것은 큰 문제가 아닙니다. 아직은 해당 단어의 뜻이 긍정적인 느낌이라거나 부정적인 뜻이라는 정도만 이해하고, 그 뜻은 정확하게 알지 못하는 상태일 수 있습니다. 이런 문제는 영어 수준이 올라감에 따라 점차 해결됩니다.

그런데 이때 부모가 참지 못하고 정확한 번역을 요구하면 아이는 자신감을 잃고 영어책 읽기를 꺼릴 수도 있습니다. 아이가 영어 그림책을 계속해서 즐겁게 읽도록 하려면 '정확하게'보다는 전체적인 이야기의 흐름을 이해하는 수준에서 '대강' 읽도록 하는 것이 중요합니다.

만약 아이에게 단어의 뜻을 꼭 확인하고 싶다면, 개별 단어의 뜻보다는 단어가 쓰인 문장의 뜻을 물어보는 것이 좋습니다. 또한 아이가 정확한 뜻을 말하지 못하더라도 내용상 방향이 맞는다면 칭찬을 아끼지 말아야 합니다.

예를 들어 I understand what you are saying.이라는 문장에서 understand가 무슨 뜻이냐고 물어보면, 상당수 아이가 '이해한다' 대신에 '안다'라고 대답합니다. 부모 입장에서는 단어의 뜻을 제대로 알지 못한다고 생각할 겁니다. 하지만 사실 아이는 단어의 뜻을 정확하게 파악한 것입니다. 이 문장을 한국어로 번역하면 "나는 네가 무슨 말을 하는지 이해해."보다는 "나는 네가 무슨 말을 하는지 알아."가 훨씬 더 자연스러우니까요.

언제 그림책에서 챕터북으로 넘어가야 할까?

그림책으로 ReaStening을 장기간 하다 보면 부모는 아이가 빨리 챕터북으로 넘어가길 바랍니다. 하지만 그림책으로 영어의 패턴을 충분히 터득하지 못한 상태에서 챕터북을 읽기 시작하면 오히려 역효과가 생길 수 있습니다. 책 내용을 부담 없이 따라갈 수 있어야 책 읽기가 즐거운 법인데, 책의 수준이 갑자기 높아지면 이해가 안 되니까 영어에 대한 거부감으로 이어질 수 있습니다.

그림책으로 영어를 배우는 방법은 아이가 스스로 영어를 터득해 가는 암묵적 학습법입니다. 식물의 싹을 틔우는 과정과 같죠. 씨앗에서 싹이

나려면 물을 충분히 주고 기다려 줘야 하듯이, 아이가 영어의 패턴을 내재화하려면 시간을 두고 영어에 충분히 노출되도록 해야 합니다. 이 과정에서 아이는 스스로 단어나 문장의 의미를 추측해 보거나 자신의 가설을 수정해 가면서 영어를 배웁니다.

영어에 충분히 노출되도록 하는 효과적인 방법은 쉬운 책을 반복적으로 폭넓게 읽히는 겁니다. 어려운 책으로는 단어의 의미나 문장의 뜻을 추측하기가 쉽지 않기 때문에 영어에 대한 감을 키우기가 어렵습니다. 따라서 아이가 자신의 힘으로 레벨을 올릴 수 있을 때까지 부모는 서두르지 말고 기다려 줘야 합니다. 그때가 되면 아이는 현재 읽고 있는 책이 시시하다고 느낄 것이고, 스스로 더 어려운 책을 찾게 됩니다.

그림책으로 영어를 스스로 터득한다

아이들은 영어를 도대체 어떻게 터득하는 것일까?

ReaStening 학습법은 누가 가르쳐 주지 않아도 그림책을 읽는 과정에서 아이 스스로 발음이나 어휘, 문법 등을 통합적으로 터득하며 배우는 방법입니다. 여기서 한 가지 의문이 생깁니다. 한국어로 해석해 주지도 않았고 문법도 설명해 주지 않았는데 도대체 아이들은 영어를 어떻게 스스로 터득한다는 것일까요?

정확한 언어습득 과정은 구체적으로 알려지지 않았습니다. 왜냐하면 이 과정은 아이들의 뇌 속에서 일어나는 일이고, 다양한 요소가 동시다발적으로 작동하기 때문입니다. 다만 단어의 습득 과정을 예로 들어 아이들이 영어를 스스로 터득해 나가는 과정을 가늠해 볼 수 있습니다. 이러한 사례로 전치사 on의 습득 과정을 살펴볼까요?[15]

전치사 on을 영한사전에서 찾아보면 그 뜻이 무수히 많습니다. 이는 달리 말하면 영어 on의 개념을 표현하는 단어가 한국어에는 없다는 뜻입니다. 한국인 학습자가 영어 전치사를 배우기 어려운 이유는 한국어에 해당 표현이 없기 때문입니다.

다음 페이지의 예시에서 보듯이 전치사 on은 '~ 위에'나 '~에'처럼 조사로 번역하는 경우가 많습니다. 하지만 맥락에 따라 '눕다', '신다', '켜다'처럼 동사 속에 포함돼 번역되기도 합니다. 즉 영어 on에 해당하는 의미를 한 단어로 콕 집어 말할 수 없습니다.

영어	한국어
There is a book on the table.	탁자 위에 책이 있다.
There is a painting on the wall.	벽에 그림이 있다.
There is a bug on the ceiling.	천장에 벌레가 있다.
The baby is lying on the back.	아기가 누워 있다.
Stand on your hands.	손 짚고 서(물구나무 서).
Put on the shoes.	신발 신어.
Turn on the light.	불 켜.

영어 전치사 on에 상응하는 단어가 한국어에는 없으니 아이는 영어 on의 의미를 스스로 만들어 내야 합니다. 그런데 한국어에 존재하지 않는 단어의 뜻을 도대체 어떻게 만들어 낼 수 있을까요? 성인에게는 쉽지 않지만, 사고가 유연한 아이들에게는 그리 어려운 일이 아닙니다.

On은 물건을 평면 위에 놓을 때 사용한다?

아이들은 그림책을 읽는 과정에서 There is a book on the table., There is a doll on the sofa., There is a ball on the floor. 같은 문장을 자주 접합니다. 그림책의 그림을 보며 책이나 인형이 가구 위에 놓여 있거나 야구공이 바닥에 놓여 있을 때 on을 사용한다는 것을 배웁니다. 아이들은 이렇게 그림과 글을 함께 보면서 자연스럽게 on의 의미를 '무엇을 어디 위에 놓는 것'이라고 생각하게 됩니다.

a book on the table

a doll on the sofa

a ball on the floor

On은 천장과 벽에도 사용한다?

다른 그림책은 어떨까요? 아래의 그림에서 보듯이 There is a spider on the ceiling., There is a clock on the wall.이라는 문장에서는 on이 앞서 본 예와는 다른 뜻으로 표현됩니다. on의 뜻을 '위에'라고 알고 있는 성인들은 갸우뚱할 겁니다. '천장 아래'라는 표현에 왜 on을 사용하는지 이해가 안 되니까요. 하지만 아이들은 '아하! 천장에도 벽에도 on을 사용하는 거구나.'라고 유연하게 받아들입니다.

a spider on the ceiling

a clock on the wall

On의 중심 의미는 서로 맞닿아 있는 것?

물론 모든 아이가 앞서 본 순서로 영어 문장을 접하지는 않습니다. 그러나 여러 그림책을 읽으면서 다양한 표현을 순서 없이 반복적으로 접하다 보면 아이들은 무의식적으로 이런 가설을 세웁니다. '물건이 가구 위에 있을 때 on을 사용하고, 천장이나 벽에 붙어 있는 것에도 on을 사용하는구나. 그렇다면…… 아하! 무엇과 무엇이 붙어 있거나 닿아 있으면 on을 사용하는 거구나.'라고 말입니다.

아이들의 추측이 맞습니다. 다음의 그림에서 보는 것처럼 영어 전치사 on의 중심 의미는 '물리적 접촉'이라고 말할 수 있습니다. 즉 무엇과 무엇이 서로 닿아 있을 때 사용합니다.

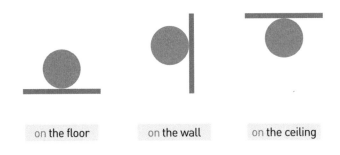

on the floor   on the wall   on the ceiling

사람이 접촉하는 경우에도 on을 쓴다?

영어 전치사 on의 쓰임새는 여기서 끝이 아닙니다. 아이들은 또 다른 그림책을 읽는 과정에서 이런 문장들을 접하게 됩니다. The baby is lying on the back., The baby is lying on the stomach., The baby is lying on the side.처럼 누워 있는 아기에게 on을 사용한 문장들입니다. 그 결과 아이들은 자연스럽게 이렇게 생각하죠. '아하! 물건뿐만 아니라 사람의 배나 등이 닿아도 on을 사용하는구나.'라고 말입니다.

The baby is lying on the back.

The baby is lying on the stomach.

The baby is lying on the side.

성인들은 영어 전치사 on을 공부할 때 'on=위에'라고 외웠기 때문에 상황에 맞게 능동적으로 활용하는 능력이 떨어집니다. 단적으로 아래의 그림을 영어로 표현하라고 했을 때 곧바로 on을 떠올리는 성인은 많지 않을 겁니다. 하지만 문맥 속에서 추측하며 영어를 배운 아이들은 다릅니다. 만약 Can you stand on your hands?라고 묻는다면 아이들은 아래의 모습을 쉽게 상상할 수 있습니다.

The boy is standing on his hands.

신발이나 모자에도 on을 사용한다?

영어 전치사 on의 쓰임새는 무궁무진하죠. 아이들은 또 다른 그림책에서 다음의 문장을 반복적으로 접하게 됩니다. Put on your shoes., Put on your hat.처럼 신발을 신고 모자를 쓸 때도 on을 사용합니다. 그러면 아이들은 이렇게 생각하죠. '아하! 신발이든 모자든 무언가 사람의 몸에 닿을 때도 on을 쓰는구나.'라고 말입니다.

The boy is putting on his shoes.

The boy is putting on his hat.

이처럼 아이들은 영어 전치사 on을 문맥 속에서 경험하고 그 뜻을 추측하면서 배우기 때문에, 이 단어의 진짜 의미와 문장에서의 쓰임새까지 함께 익힙니다. 물론 아이들에게 on의 뜻을 물어보면 선뜻 대답하지 못합니다. 영어 on의 한국어 표현은 맥락에 따라 달라지기 때문입니다.

더디지만 탄탄한 영어 실력을 키운다

아이들이 영어를 스스로 터득하며 배우는 방법은 초기에 시간이 오래 걸린다는 단점이 있습니다. 그러나 일단 어느 수준에 도달하면 실력이 쑥쑥 향상되기 때문에 장기적인 관점에서 보면 훨씬 더 빠르고 효과적입니다. 영어책을 읽는 과정에서 단어의 뜻은 물론 문법, 어법 등의 영어 체계를 동시다발적으로 배우기 때문입니다. 이렇게 초등학교 시기에 영어책 읽기로 쌓아 놓은 실력은 이후의 학교 교육뿐만 아니라 자신의 꿈을 실현하는 데 탄탄한 초석이 될 것입니다.

우리 아이에게 맞는 그림책 고르기

영어 서점의 추천을 참고한다

아이가 좋아하는 그림책을 찾는 방법의 하나는 온라인 서점에서 제공하는 정보를 활용하는 것입니다. 만약 아이가 에릭 칼의 그림책『The Very Hungry Caterpillar(배고픈 애벌레)』를 매우 즐겁게 읽었다면 이 책의 제목을 아마존 서점(www.amazon.com) 검색창에 입력합니다. 그리고 이 책을 구매한 사람들이 구매한 다른 책의 목록을 보여 주는 Customers who bought this item also bought 코너를 살펴봅니다. 아래 그림은 The Very Hungry Caterpillar를 아마존 서점의 검색창에 입력했을 때 나타나는 화면입니다.

Customers who bought this item also bought

Brown Bear, Brown Bear,
What Do You See?
Bill Martin Jr.
★★★★★ 25,715
Board book
#1 Best Seller in
Children's Colors Books
$5.00

Goodnight Moon
›Margaret Wise Brown
★★★★★ 15,088
Board book
296 offers from $0.25

Chicka Chicka Boom
Boom (Board Book)
Bill Martin Jr.
★★★★★ 21,021
Board book
#1 Best Seller in
Children's Alphabet Books
$4.59

I Love You to the Moon
and Back
›Amelia Hepworth
★★★★★ 25,020
Board book
#1 Best Seller in
Children's Bear Books
114 offers from $1.35

〈아마존 서점의 추천 도서 예시〉

추천 도서 중에서 평가 별표가 4개 이상이고 리뷰 수가 많을수록 대다수 아이가 좋아하는 책이라고 생각하면 됩니다. 아마존 서점의 경우 별표가 5점 만점이고 리뷰 수가 일정 기준을 넘으면 베스트셀러(#1 Best Seller)로 표기합니다. 어떤 책을 고를지 망설여질 때 같은 작가의 다른 그림책, 그중에서도 베스트셀러를 선택하면 아이가 좋아할 확률이 비교적 높습니다.

아동문학 수상작을 참고한다

영어책을 고르는 또 다른 방법은 영어권 나라에서 우수도서로 선정된 수상작을 살펴보는 것입니다. 어린이 영어책은 미국과 영국을 중심으로 영어권 나라에서 매년 수많은 책이 출판되고 있습니다. 또한 다양한 기관에서 우수도서를 선정하고 있죠. 그림책에 수여하는 대표적인 상을 소개하면 다음과 같습니다.

1. 칼데콧 상(Randolph Caldecott Medal)

칼데콧 상은 미국도서관협회에서 전년도에 출판된 어린이 그림책 중 가장 뛰어난 그림책을 선정하고 그 책의 삽화가에게 수여하는 상입니다. 최우수작에는 칼데콧 메달(Caldecott Medal)을, 1~5편의 우수작에는 칼데콧 아너(Caldecott Honor)를 수여하고 있죠.

칼데콧 상은 19세기 영국의 삽화가 랜돌프 칼데콧의 이름에서 따온 것으로, 1937년부터 수상자를 선정해 왔습니다. 미국에서 출판된 어린이 책에 수여하는 상 중에서 뉴베리 상과 함께 가장 권위 있는 상으로 꼽힙니다. 수상작은 칼데콧 상 홈페이지(ala.org/alsc/caldecott)를 방문하면 확인할 수 있습니다.

2. 가이젤 상(Theodor Seuss Geisel Award)

가이젤 상은 미국도서관협회가 닥터 수스(Dr. Seuss)로 널리 알려진 작가인 테오도르 가이젤(Theodor Geisel)을 기념하기 위해 제정한 상입니다. 전년도에 미국에서 출판된 초보 독자용 어린이 책 중에서 가장 뛰어난 작품을 선정해 작가와 삽화가에게 수여합니다. 2006년부터 현재까지 매년 최우수작 한 편과 우수작 2~5편을 선정하고 있습니다. 가이젤 수상작들은 미국도서관협회 홈페이지(ala.org/alsc/awardsgrants/bookmedia/geiselaward)에서 확인할 수 있습니다.

가이젤 상의 심사 기준 중 하나는 영어 읽기 학습에 도움이 되는지 여부입니다. 그래서 주로 리더스북이 이 상을 받습니다. 가이젤 상을 받은 책들은 문장이 쉽고 어휘가 적은 데도 이야기를 흥미롭게 풀어내기 때문에 우리나라 아이들이 읽기에 좋습니다. 가이젤 상 수상작이 영어 학습에 좋은 이유는 이 상의 선정 기준을 보면 알 수 있습니다.

가이젤 상의 선정 기준

- 초보 독자를 위한 책이어야 한다.
- 책의 글은 유아부터 초등 2학년까지의 독자를 대상으로 써야 한다.
- 그림은 글의 의미를 파악하는 데 단서가 되도록 그려야 한다.
- 주제는 어린이의 흥미를 불러일으키고 읽을 동기를 부여하는 내용이어야 한다.

- 새로운 단어는 배우기 쉽도록 하나씩 서서히 나와야 한다.
- 단어는 기억이 잘 되도록 반복적으로 나와야 한다.
- 문장은 간단하고 명료해야 한다.
- 책의 길이는 24쪽 이상이어야 하고 96쪽 이내여야 한다.

3. 영국의 케이트 그린어웨이 상(Kate Greenaway Medal)

케이트 그린어웨이 상은 영국도서관협회에서 뛰어난 그림책 삽화가에게 수여하는 상입니다. 이 상은 19세기 아동문학 삽화가인 케이트 그린어웨이를 기념하기 위해 제정된 것으로, 1957년부터 영국에서 출판된 책 중에서 가장 뛰어난 그림책의 삽화가들에게 수여하고 있습니다. 수상작은 영국도서관협회 홈페이지(carnegiegreenaway.org.uk/archive/kate-greenaway-medal-winners)에서 확인할 수 있습니다.

수상작을 고를 때 주의할 점

일반적으로 권위 있는 상을 받은 수상작들은 문학적으로나 예술적으로 모두 훌륭한 작품입니다. 그러나 미국과 영국은 우리와 문화가 달라서 우리 아이들에게는 주제가 생경하게 느껴질 수도 있습니다. 특히 칼데콧 상과 케이트 그린어웨이 상은 삽화의 우수성을 중심으로 평가하기 때문에 수상작이라고 해도 전체적인 이야기가 아이들에게는 흥미롭지 않을 수도 있습니다. 따라서 수상작은 여러 기준 중에서 하나의 요건으로 참고하면 됩니다.

독서 지수를 활용하는 방법

영어책을 선택할 때 고려할 수 있는 또 다른 방법은 독서 지수를 참고하는 겁니다. 독서 지수란 책의 읽기 수준을 숫자로 표준화한 것입니다. 책의 읽기 수준은 보통 어휘 수와 난이도, 문장 길이와 복잡도 등을 기준으로 평가합니다. 독서 지수는 선정 기관에 따라 다양한 종류가 있는데, 일반적으로 가장 널리 사용되는 독서 지수는 'AR(Accelerated Reader) 지수'입니다.

'AR 지수'는 미국의 르네상스라는 회사가 제공하는 독서 안내 프로그램에서 사용하는 지수를 말합니다. 이 프로그램은 책의 수준(ATOS Book Levels)을 학년으로 환산해 소수점까지 보여 줍니다. 만약 책의 독서 지수가 1.5라면 초등학교 1학년 5개월쯤 읽기에 적당하다는 뜻입니다. 즉 소수점 앞의 숫자는 학년을 나타내고 소수점 뒤의 숫자는 개월 수를 의미합니다.

아이가 현재 읽고 있는 책의 AR 지수는 'AR bookfinder(www.arbookfind.com)'에서 확인할 수 있습니다. 가령, 에릭 칼의 『The Very Hungry Caterpillar』를 검색하면 AR 지수가 2.9(BL: 2.9)라고 나옵니다.

The Very Hungry Caterpillar
Carle, Eric
AR Quiz No. 5496 EN Fiction
☑ IL: **LG** - BL: **2.9** - AR Pts: **0.5**
☑ AR Quiz Types: **RP**, **RV**, **VP**
☑ Rating: ★★★�½

〈AR bookfinder 도서 검색 결과 예시〉

즉 이 책은 2학년 9개월쯤에 읽으면 적당하다는 거죠. 또한 이 책에 흥미를 느끼는 그룹은 유치원생이나 초등학교 저학년이라는 정보(IL: LG)도 보여줍니다. 여기서 'BL'은 책의 수준(Book Level), 'IL'은 흥미도 수준(Interest Level), 'LG'는 저학년(Lower Grade)을 뜻합니다.

독서 지수를 활용할 때 주의할 점

독서 지수는 책을 선택할 때 하나의 참고 사항일 뿐 절대적인 기준은 아닙니다. 특히 그림책을 고를 때 독서 지수에만 전적으로 의존하는 것은 바람직하지 않습니다. 독서 지수는 텍스트의 난이도만을 기준으로 결정되는데, 그림책의 난이도는 삽화에 의해서도 크게 좌우되기 때문이죠.

예를 들어, 에릭 칼의 『The Very Hungry Caterpillar』는 AR 지수가 2.9지만, 영어를 처음 배우는 아이들도 큰 어려움 없이 ReaStening 하는 것을 흔히 봅니다. 이 책은 그림만 봐도 내용을 쉽게 이해할 수 있기 때문입니다.

또 하나 주의할 점은 책을 고를 때 아이의 취향도 적극적으로 고려해야 한다는 겁니다. 책의 주제가 아이에게 익숙하고 흥미로운 내용이면 글이 어려워도 훨씬 쉽게 느껴집니다. 또 책의 내용에 대한 배경 지식이 있으면 글이 조금 어려워도 그 뜻을 쉽게 추측하고 이해할 수 있습니다. 따라서 AR 독서 지수는 텍스트의 난이도만을 측정한 수치임을 고려해 참고 자료로만 활용합니다.

ReaStening을 시작할 때
중요한 점은
아이가 영어책 읽기를
공부로 느끼지 않게 하는 것입니다.

3장

•

챕터북으로 영어 기초 완성하기

ReaStening 학습법의 핵심 단계는 챕터북 읽기입니다. 챕터북 수준의 영어책을 큰 부담 없이 읽어 낼 수 있다면 영어의 기초가 완성된 것으로 보기 때문이죠. 영어의 기초가 완성됐다는 말은 영어권 나라에서 큰 불편함 없이 일상생활을 할 수 있다는 뜻입니다. 영어권 나라에서 일상생활을 하는 데 필요한 어휘는 대략 2천 개 정도이며, 이들 난어의 뜻과 쓰임새를 알면 영어로 의사소통하는 데 큰 문제가 없습니다.

챕터북으로 영어의 기초가 완성된다?

영어 기초 단어를 활용하는 능력을 갖춘다

챕터북은 영어권 초등학생들이 혼자 힘으로 독서를 시작할 수 있도록 재미있고 가벼운 주제를 이야기로 풀어낸 책입니다. 챕터북에 등장하는 주인공들은 대부분 유치원생이나 초등학교 저학년생으로, 다루는 내용도 이 시기의 아이들이 흥미를 느끼는 모험이나 판타지, 또는 일상생활이나 학교생활에서 자주 경험하는 일들입니다.

챕터북에는 이러한 내용들이 주로 대화체로 기술되어 있어서 챕터북을 ReaStening 하면 영어권 아이들이 일상생활에서 사용하는 영어를 그대로 접하게 됩니다. 다양한 챕터북을 읽으면 일상생활에서 사용하는 영어 표현에 익숙해지므로 영어의 기초를 완성하기에 최적의 교재인 셈입니다. 요컨대 챕터북 읽기를 통해 영어의 기초 단어 2천 개를 활용하는 능력을 갖추게 됩니다.

실제로 챕터북에 사용되는 어휘를 분석해 보면 2천 개가 훌쩍 넘어갑니다. 다음 페이지의 표는 어린이들 사이에서 널리 읽히는 챕터북 시리즈 다섯 개를 선정해 코퍼스(corpus) 분석 프로그램 중 하나인 'Range 프로그램'으로 어휘 유형의 수를 분석한 것입니다.[16]

초기 챕터북에 해당하는 마저리 샤매트(Majorie Weinman Sharmat)의 『Nate the Great(위대한 네이트)』 시리즈 25권을 분석한 결과, 총 2,656개의 어휘가 사용된 것을 확인할 수 있습니다. 마찬가지로 메리 폽 어즈

챕터북 시리즈	어휘 유형의 수 (시리즈당 25권 합산 기준)
Nate the Great	2,656 단어
Cam Jansen	4,313 단어
Magic Tree House	5,580 단어
The Zack Files	7,492 단어
A to Z Mysteries	7,715 단어

〈주요 챕터북에서 사용된 어휘 유형의 수〉

번(Mary Pope Osborne)의 『Magic Tree House(마법의 시간 여행)』 시리즈 25권은 총 5,580개의 단어를 사용하고 있습니다. 즉 챕터북 시리즈를 읽으면 일상생활에서 사용되는 기초 단어 2천 개보다 훨씬 더 많은 어휘를 배울 수 있습니다.

실제로 제가 가르친 대학생들을 면담해 본 결과, 챕터북 수준의 영어책을 읽은 상태에서 영어권 나라의 초등학교나 중학교로 전학한 경우 영어로 의사소통하는 데 큰 불편함이 없었다고 합니다. 이 학생들의 공통점은 영어책을 읽을 때 오디오 음원을 함께 들었다는 사실입니다. 이를 통해 챕터북을 ReaStening 하면 읽기 능력뿐만 아니라 듣기와 말하기 능력도 함께 향상됨을 알 수 있습니다.

단어 3천 개를 배워도 영어 의사소통이 어려운 이유

우리나라 학생들의 경우 초등학교부터 고등학교까지 대략 3천 개의 영어 단어를 배웁니다. 그런데 영어로 의사소통하기는 쉽지 않죠. 이는 영어 기초 단어의 쓰임새, 즉 활용법을 제대로 배우지 못했기 때문입니다. 그 이유는 무엇일까요?

영어 기초 단어 2천 개의 핵심에는 고빈도 동사와 전치사가 있습니다. 고빈도 동사란 일상생활에서 자주 사용하는 동사로 get, put, do처럼 그 쓰임새가 광범위해서 '다목적 동사'라고도 불립니다. 단어를 2천 개만 알아도 영어로 의사소통이 가능한 이유는 바로 이 고빈도 동사와 전치사를 활용하여 수많은 의미를 표현할 수 있기 때문입니다.

예를 들어, 고빈도 동사 20개와 전치사 20개의 뜻만 제대로 알아도 아래의 예시처럼 get in, get up, get down 등 다양한 구동사(phrasal verb)를 사용해 산술적으로 400개 의미를 표현할 수 있습니다. 즉, 400개의 서로 다른 동사를 아는 것과 마찬가지입니다.

고빈도 동사: get, put, take, have, do, come, go, make, turn …

+

전치사: in, on, at, off, to, away, up, down, out, over, for, along …

⇓

get: get in, get on, get off, get up, get down, get out, get away …
put: put in, put on, put off, put up, put down, put out, put away …

〈기초 단어 2천 개로 의사소통이 가능한 이유〉

요컨대 기초 단어 2천 개로 의사소통을 하려면 고빈도 동사들과 전치사를 활용할 수 있어야 하는데, 한국 학생들에게는 여간 어려운 일이 아닙니다. 한국어에는 이들 단어의 상응어가 없기 때문이죠. 이들 단어를

'put=놓다', 'on=위에'처럼 외우기만 해서는 말하기나 쓰기에서 활용하기가 어렵습니다.

그렇다면 고빈도 동사와 전치사의 활용법은 어떻게 배워야 할까요? 영어책을 읽으면서 문맥 속에서 배워야 합니다. 이들 단어를 문맥 속에서 반복적으로 접하면서 뜻도 파악하고 단어의 쓰임새도 익히고 이 단어가 쓰이는 문장의 패턴도 동시에 익히는 거죠. 이렇게 배워야 영어의 기초가 완성됩니다.

챕터북 읽기 가이드

챕터북 고르는 법

그림책은 페이지가 대략 32쪽이고 단어 수도 1천 개에 못 미칩니다. 반면에 챕터북은 보통 70쪽에서 100쪽 분량에 이르고, 단어도 평균 5천 개가 넘죠. 특히 챕터북은 내용을 추측할 단서인 그림이 드물어서 영어 단어를 모르면 내용을 이해하기가 쉽지 않습니다. 그래서 그림책을 읽은 후 곧바로 챕터북으로 넘어가면 난이도가 갑자기 상승해 어려움을 느끼곤 합니다.

이러한 부담감을 줄이려면 리더스북 분위기의 챕터북으로 시작하는 것이 좋습니다. 예를 들어 앞서 언급한 『Nate the Great』나 『Mercy Watson』 시리즈는 천연색의 그림이 있고, 단어도 약 2천 개 정도여서 챕터북을 막 시작할 때의 부담을 줄일 수 있습니다.

챕터북 시리즈를 고를 때는 독서 지수보다는 주제를 먼저 고려하는 것이 좋습니다. 대부분의 챕터북은 AR 지수가 2~3점대로 큰 차이가 없습니다. 아이에게 익숙하거나 좋아하는 주제를 선택하면 영어에 대한 심적 부담감을 크게 낮출 수 있습니다. 따라서 처음에는 배경 지식이 많고 익숙한 주제의 챕터북을 읽게 하고, 점차 다양한 주제의 챕터북으로 확장해 나가는 것이 좋은 방법입니다.

시리즈북이 영어 교육에 효과적인 이유

대부분의 챕터북은 시리즈로 출판됩니다. 시리즈북이 영어의 기초를 탄탄하게 다지는 데 효과적인데, 크게 두 가지 이유가 있습니다.

하나는 책 읽기에 대한 진입 장벽이 낮다는 점입니다. 일반적으로 등장인물의 특징과 배경을 파악하려면 책을 삼분의 일 가까이 읽어야 합니다. 하지만 책 읽기를 부담스러워하는 아이들은 인내심이 부족하죠. 그런데 시리즈북은 첫 번째 책을 읽으면 그다음 책부터는 주요 등장인물이 같고 배경도 거의 유사해서 심적 부담 없이 쉽게 읽을 수 있습니다.

시리즈북이 영어 학습에 좋은 또 다른 이유는 사용되는 어휘나 문장 수준이 유사해서 반복 학습의 효과가 크다는 점입니다. 영어 단어나 구문을 배우려면 반복적으로 접해야 하는데, 시리즈북은 10권 또는 20권이 넘는 책에서 같은 단어나 구문이 반복적으로 사용되기 때문에 일부러 공부하지 않아도 영어 실력이 자연스럽게 향상됩니다.

시리즈북을 읽을 때는 시리즈 순서대로 읽기를 권합니다. 순서대로 내용이 이어지기도 하거니와, 뒤로 갈수록 분량이 길어지고 어려운 어휘가 등장하는 등 난이도가 높아지기 때문이죠. 그렇다고 해서 시리즈의 모든 후속편을 읽어야 한다는 뜻은 아닙니다. 아이가 좋아하는 후속편만 골라서 읽어도 큰 문제는 없습니다.

다양한 주제의 챕터북을 읽어라

챕터북은 하나의 시리즈를 독파하는 것보다는 다양한 주제의 책을 읽는 것이 좋습니다. 일상생활이나 학교생활은 물론이고, 모험이나 탐정,

판타지를 다루거나 과학처럼 지식 정보를 다룬 책들을 두루두루 읽는 거지요. 하나의 시리즈북을 오랜 시간을 들여 꼼꼼하게 읽는 것은 그다지 추천하고 싶지 않습니다.

일례로 『Magic Tree House』 시리즈는 50권 이상 출판되었습니다. 만약 이 시리즈북에만 몰두하면 어떨까요? 특정 분야나 주제의 표현을 자세하게 배우는 장점이 있겠지만, 반대로 폭넓은 어휘력을 키우기가 어렵습니다. 만약 아이가 특정 분야의 주제를 좋아하기 때문이라면 그 자체로 의미가 있겠지만, 영어의 기초 실력을 쌓을 목적이라면 다양한 주제의 시리즈북을 읽는 것이 더 효과적입니다.

아이의 실력을 시험으로 평가하지 말자

아이가 챕터북을 곧잘 읽는 단계가 되면 부모는 아이의 영어 실력이 또래와 비교해서 어느 정도인지 확인하고 싶어집니다. 실제로 아이에게 영어 대회 출전을 권유하거나 영어 시험을 보게 하는 경우가 적지 않습니다. 물론 아이의 성향에 따라 차이가 있지만, 보통은 부정적인 결과로 이어질 수 있습니다.

영어책으로 영어를 배우는 아이들은 겉으로 보기에 영어를 잘하는 것 같지만, 그렇다고 정확성까지 갖춘 상태는 아닙니다. 챕터북 단계는 영어의 유창성을 우선적으로 키우는 과정이기 때문에 정확성은 떨어질 수밖에 없습니다. 그런데 어떤 종류의 시험이든 채점 기준에는 정확성이 필수 요소로 포함돼 있죠. 표현력이 유창하다고 해도 '정확성'이라는 항목을 무시하고 채점할 수는 없습니다. 따라서 유창성을 중점적으로 키우는 챕터북 단계의 아이라면, 정확성을 중시하는 시험에서 좋은 성적을 얻지 못할 가능성이 큽니다.

아이가 현재 훌륭한 방법으로 영어를 배우고 있어도 만약 시험 점수가 낮게 나온다면, 부모와 아이 모두 자신감을 잃을 수 있습니다. 가장 최악의 상황은 현재 책 읽기 중심의 학습 방법에 대해 의구심을 갖는 겁니다.

일부 학부모는 정확성을 높이기 위해 영어 학습의 초기부터 문법을 배우라고 조언하기도 합니다. 그러나 정확성을 위해 문법을 먼저 공부하면 결과적으로 영어의 유창성은 키우기 어렵습니다. 영어의 정확성은 챕터북 단계 이후에 글쓰기나 소설 읽기로 넘어가는 시점에서 충분히 키울 수 있습니다. 챕터북 단계에서는 유창성을 기르는 데 집중하는 편이 훨씬 효과적입니다.

영어 속담에 '냄비를 계속 지켜보고 있으면 물이 끓지 않는다(A watched pot never boils).'라는 말이 있습니다. 아이의 영어 실력을 자꾸 측정하려고 하면 오히려 실력이 늘지 않습니다. 영어책 읽기와 같은 암묵적 학습법은 그 효과가 시간이 지나면서 서서히 나타나므로 인내심을 갖고 기다려 주는 노력이 필요합니다.

챕터북 ReaStening 진행 방법

챕터 단위로 끊어서 읽는다

챕터북은 그림책과 달리 페이지 수도 많고 글자 수도 많아서 처음부터 한꺼번에 ReaStening을 하기에는 무리가 있습니다. 특히 읽기 호흡이 짧은 어린이들은 챕터북 한 권을 단번에 읽으려고 하면 힘에 부칠 뿐만 아니라, 정신적으로도 집중력이 흐트러지기 쉽습니다.

챕터북은 이야기를 챕터로 나누어 제시하는데, 하나의 에피소드가 끝나면 쉬어 가며 읽도록 한 것입니다. 아이의 집중력 정도를 고려해 챕터 단위로 끊어서 ReaStening을 하는 것이 효과적입니다.

챕터북 단계부터는 어휘 학습이 필요하다

그림책 단계에서는 단어의 뜻을 의식적인 노력 없이 문맥 속에서 자연스럽게 배웠지만, 챕터북을 읽을 때는 어휘 학습에도 신경을 써야 합니다. 챕터북 단계에서 어휘를 학습하는 방법은 다음의 순서를 따르면 효과적입니다.

1. 이야기 흐름에 초점 두기

처음으로 챕터북을 읽을 때는 그림책과 마찬가지로 이야기의 흐름에 초점을 두면서 ReaStening을 합니다. 모르는 단어가 있어도 반복되는 핵심 단어가 아니라면 그냥 지나칩니다.

2. 밑줄 치거나 형광펜으로 표시하기

두 번째 읽을 때는 모르는 단어에 밑줄을 치거나 형광펜으로 표시합니다. 이렇게 모르는 단어에 눈길을 주는 것을 주목화(noticing)라고 부릅니다. 한 번 주목한 단어는 이후에 다시 보면 그 뜻을 추측하기가 훨씬 쉬워집니다.

3. 사전 찾기

만약 주목했던 단어의 뜻을 추측하기 어렵다면 사전에서 뜻을 찾아봅니다. 이때 모르는 단어를 모두 사전에서 찾으려고 하면 책 읽기의 즐거움이 줄어들 수 있습니다. 그 뜻이 궁금한 단어만 사전을 찾아봅니다.

단어를 사전에서 찾았는데 여러 가지 뜻이 있다면 현재의 문맥에서 사용된 뜻만 외워야 합니다. 단어의 뜻을 사용된 문맥과 함께 기억하면 장기 기억에 저장되어 쉽게 잊어버리지 않습니다.

가끔씩 오디오 음원만 들어 보자

챕터북을 ReaStening 하면 영어권 또래 아이들이 실생활에서 사용하는 영어를 그대로 배울 수 있습니다. 이때 챕터북의 오디오 음원만 반복해서 들으면 일상생활에 필요한 영어 말하기를 빠르게 습득할 수 있습니다.

이미 반복적으로 ReaStening 해서 이야기 내용을 자세히 알고 있는 책을 선택합니다. 그 책에서 좋아하는 챕터 하나만 골라서 책을 보지 않고 오디오 음원만 들어 봅니다. 이렇게 한 챕터를 몇 번 반복해서 들으면 어느 시점에 마치 노래의 멜로디처럼 귀에 익숙해집니다. 귀에 익숙해지면 그 내용을 말로 표현할 수도 있게 됩니다. 이처럼 챕터북을 ReaStening 하면 일상생활에 필요한 영어 말하기도 어느 정도 배울 수 있습니다.

4장

•

소설과 비문학으로
콘텐츠 영어 능력 키우기

다양한 챕터북을 쉽게 읽을 수 있는 수준이 되면 그다음 단계로 소설과 비문학을 읽는 것이 좋습니다. 여기서 소설이란 영어권 기준으로 약 8세에서 12세의 아이들을 위한 어린이 소설을 말합니다. 어린이 소설은 챕터북보다 글의 길이가 길고 어휘도 풍부하며, 특히 문장이나 이야기 구조가 훨씬 더 복잡합니다.

비문학은 허구(fiction)가 아닌 사실을 다루는 모든 장르의 글을 포함합니다. 과학이나 역사, 철학 등의 주제를 다루는 책이나 논설문 또는 신문 기사 등이 여기에 해당합니다. 글의 문체는 장르마다 다르고 사용되는 어휘도 주제마다 달라서 다양한 글을 읽어야 영어의 폭을 넓힐 수 있습니다.

어린이 소설책 읽기

콘텐츠 영어 능력을 키운다

영어 능력은 크게 생활 영어와 콘텐츠 영어로 구분됩니다. 이 두 가지 능력을 동시에 키우는 가장 좋은 방법이 바로 영어책으로 영어를 배우는 거죠. 영어책 단계에 따라 생활 영어 능력과 콘텐츠 영어 능력의 습득 정도를 대략 표현하면 아래 그림과 같습니다.

그림책과 챕터북을 ReaStening 하면서 생활 영어 능력과 콘텐츠 영어 능력이 동시에 자라납니다. 그다음 단계로 소설책과 비문학 글을 읽으면 콘텐츠 영어 능력이 크게 향상되면서 영어 실력이 한층 더 업그레이드됩니다.

소설은 지식 정보를 다루는 비문학과는 달리 허구의 이야기를 다룹니다. 허구의 내용을 읽는 것이 지식 정보를 학습하는 데 필요한 콘텐츠

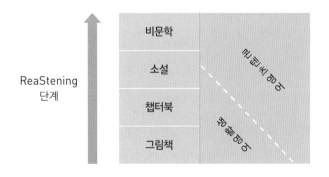

〈영어책 단계별 습득 가능한 영어 능력〉

영어 능력과 어떤 연관이 있을까요? 즉, 허구의 내용을 읽으면 왜 콘텐츠 영어 능력이 향상되는 걸까요? 결론부터 말하자면 콘텐츠 영어 능력의 핵심은 어휘력과 이해력, 추론 능력입니다. 소설책을 읽으면 이러한 능력이 향상됩니다.

중빈도와 저빈도 단어를 배운다

챕터북을 읽는 데 필요한 어휘 수가 평균적으로 4~5천 개 정도라면, 어린이 소설책은 최소한 8천 개 이상의 어휘를 알아야 이해할 수 있습니다. 소설에는 일상생활에서 접하기 어려운 중빈도 단어와 저빈도 단어가 많이 사용되기 때문이죠. 소설책을 많이 읽을수록 어휘력이 풍부해지는 이유입니다.

특히 소설책을 읽으면 말로는 표현하기 어려운 단어의 뉘앙스도 이해하게 됩니다. 소설책에 사용되는 어려운 단어들은 대개 인간의 심리나 감정같이 추상적인 생각을 나타내는 단어들이죠. 이러한 단어들은 상황에 따라 그 뜻이 미묘하게 달라져 한국어 상응어로는 배우기 어렵습니다. 단어의 정확한 느낌을 알려면 맥락 속에서 배워야 하는데, 소설책은 이러한 맥락을 풍부하게 제공합니다.

소설을 읽으면서 영어 단어를 배우면 좋은 또 다른 이유는 장기 기억의 효과입니다. 소설책을 읽을 때는 주인공의 생각과 감정에 몰입하게 되죠. 이때 우리의 뇌가 활성화되면서 특정 단어의 느낌과 그 단어가 사용된 상황을 함께 기억하게 됩니다. 단어의 의미가 상황과 함께 기억되기 때문에 장기 기억에 저장되죠. 이렇게 뇌에 저장된 단어는 유사한 상황을 경험할 때마다 쉽게 떠오르기 때문에 실제 말하기나 글쓰기에 활용할 수 있습니다.

이해력과 추론 능력을 키운다

대부분의 소설책은 챕터북보다 이야기 구조도 복잡하고 등장인물도 많습니다. 등장인물 사이의 관계나 사건의 인과관계를 파악하지 못하면 이야기 흐름을 따라갈 수가 없죠. 그래서 아이들은 소설책을 읽으면서 복잡한 관계나 내용을 연결하고 파악하기 위해 노력합니다. 이 과정에서 이해력과 추론 능력이 발달합니다.

또한 소설에는 비유적 표현이 많이 나옵니다. 책의 전체적인 내용을 파악하려면 이러한 비유적 표현을 이해하고 작가의 의도를 파악할 수 있어야 합니다. 그래서 소설책을 많이 읽을수록 추론 능력이 향상되는 겁니다.

문학과 뇌의 관계를 연구하는 스탠퍼드대학교 조슈아 랜디(Joshua Landy) 교수에 따르면, 소설을 읽으면 우리의 뇌가 급격하게 활성화된다고 합니다.[17] 작가가 던진 비유적인 표현을 해석하고 작가가 던진 질문에 답을 구하는 과정에서 독자는 논리적 사유와 추론을 많이 하는데, 이때 뇌의 근육이 발달합니다.

아이가 소설책을 읽으면 그만 보고 공부하라고 말하는 부모들이 있는데, 이는 잘못된 생각입니다. 책을 읽는 것은 아이의 미래에 큰 자산이 될 사고력을 키우는 과정이기 때문에 오히려 장려할 일입니다. 특히 영어 소설책으로 영어를 배우면 교과서 공부나 문제집 풀이로는 도저히 도달할 수 없는 높은 수준의 영어 실력을 키울 수 있습니다. 따라서 중·고등학교 시기에도 영어 소설책 읽기를 계속 이어 가는 것이 장기적으로 훨씬 도움이 됩니다.

소설책은 반드시 ReaStening 할 필요는 없다

그림책과 챕터북은 일상생활의 이야기를 구어체로 전달하기 때문에 ReaStening을 통해 음성언어와 문자언어를 동시에 배울 수 있습니다. 그러나 소설책은 분량도 길고 이야기 구성도 대화체보다는 상황을 설명하는 서사체가 많아서 반드시 ReaStening을 고집할 필요가 없습니다. 영어 듣기 능력을 유지하기 위한 목적으로 가끔 ReaStening 하는 정도로 충분합니다.

소설 단계에서 오디오 음원을 매번 들을 필요가 없는 또 다른 이유는 오디오의 목소리가 오히려 집중을 방해하고 상상력을 제한하기 때문입니다. 소설책에서 다루는 내용은 챕터북과 달리 삶에 대한 깊이 있는 주제를 다루기 때문에 집중하고 몰입해서 읽어야 효과적입니다.

어린이 소설책 고르는 방법

시리즈로 출판되는 챕터북과 달리 어린이 소설은 대부분 단행본으로 출판됩니다. 단행본은 한 권 읽은 다음에 그다음 읽을 책을 계속적으로 골라야 합니다. 만약 읽을 책을 매번 새로 고르는 것이 부담스럽다면 같은 작가의 책을 찾아서 읽으면 됩니다.

예를 들어 로알드 달(Roald Dahl)의 소설 『Charlie and the Chocolate

Factory(찰리와 초콜릿 공장)』를 읽었는데 재미도 있고 읽기에도 적당한 수준이라고 느꼈다면, 이 작가의 다른 작품을 읽는 겁니다. 보통 동일 작가가 쓴 작품은 문체나 이야기 구조가 유사하고 사용되는 어휘도 비슷해서 새로운 책이라도 부담 없이 시작할 수 있습니다. 동일 작가의 다른 책들은 아마존 서점 검색창에 작가의 이름이나 책 제목을 입력하면 쉽게 찾을 수 있습니다.

Roald Dahl Collection 16 Books Box
Set
by Roald Dahl
★★★★★ · 1,732
Paperback
$44⁹⁹
Ships to Republic of Korea
More Buying Choices
$39.99 (46 used & new offers)

Matilda
by Roald Dahl and Quentin Blake
★★★★★ · 4,929
Paperback
$6⁷² $7.99
Ships to Republic of Korea
Only 11 left in stock - order soon.
More Buying Choices
$1.30 (195 used & new offers)
Ages: 8 - 12 years

The BFG
by Roald Dahl and Quentin Blake
★★★★★ · 4,765
Paperback
$7⁹⁵
Ships to Republic of Korea
Only 15 left in stock - order soon.
More Buying Choices
$0.94 (204 used & new offers)
Ages: 8 - 12 years

Fantastic Mr. Fox
by Roald Dahl and Quentin Blake
★★★★★ · 3,716
Paperback
Ages: 8 - 12 years
Other formats: Kindle , Hardcover , Audio
CD

〈아마존 서점 작가명 검색 결과 예시〉

어린이 소설을 고를 때도 수상작을 살펴보면 좋습니다. 대표적으로 미국도서관협회가 수상하는 뉴베리 상(Newbery Award)과 영국도서관협회가 수상하는 카네기 상(Carnegie Medal)이 있습니다.

뉴베리 상 수상작은 미국도서관협회 분과인 어린이도서관 서비스협회 홈페이지(ala.org/alsc/awardsgrants/bookmedia/newberymedal/newberyhonors/newberymedal)에서 확인할 수 있습니다. 카네기 상 수상작은 영국도서관협회 홈페이지(carnegiegreenaway.org.uk/archive/

carnegie-medal-winners)에서 확인할 수 있습니다.

원작 소설을 바탕으로 만든 영화를 시청한다

어린이 소설책 중에는 영화로 제작된 것들이 제법 많습니다. 대표적으로 E. B. 화이트의(E. B. White) 『Charlotte's Web(샬롯의 거미줄)』, 크레시다 코웰(Cressida Cowell)의 『How to Train Your Dragon(드래곤 길들이기)』 시리즈, J. K. 롤링의 『Harry Potter(해리 포터)』 시리즈, 루이스 새커(Louis Sachar)의 『Holes(구덩이)』 등을 꼽을 수 있습니다. 이렇게 영화로 제작된 소설은 원서도 읽고 영화도 보면 그 효과가 배가됩니다.

원작 소설이 영화로 제작된 경우, 영화를 먼저 시청하는 것이 좋은지 아니면 원서를 먼저 읽는 것이 좋은지에 대해 의견이 엇갈립니다. 만약 영어 실력 때문에 원서를 읽기가 부담스럽다면 영화를 먼저 시청하는 것이 유리합니다. 영화를 먼저 보면 책의 줄거리와 등장인물의 특징을 미리 알게 되어 편안한 마음으로 책에 집중할 수 있으니까요.

다만 영화를 미리 시청하면 책을 읽는 묘미가 사라질 수 있고, 상상력이 제한되는 단점이 있습니다. 만약 이런 점이 우려된다면 책을 먼저 읽고 영화를 봅니다. 책을 먼저 읽은 후에 영화를 보면 상상만 했던 장면이 어떻게 펼쳐지는지 확인하는 재미가 있고, 배우들의 생생한 목소리로 영어 듣기를 연습할 수 있다는 장점도 있습니다. 이처럼 각각의 장단점을 미리 알고 필요에 따라 결정하면 됩니다.

비문학 읽기

비문학의 범위

소설이 상상 속의 허구를 다루는 문학 작품이라면, 비문학은 문학 이외의 모든 장르를 아우르는 책이나 글을 말합니다. 과학·수학·역사·경제 등 분야별 전문 지식을 다루거나, 전기문·논설문·신문 기사처럼 사실에 기반을 둔 글들, 학교에서 사용하는 교과서도 비문학에 포함됩니다.

수능 시험이나 토플처럼 학문 능력을 측정하는 시험은 문학보다 비문학 지문의 비중이 상대적으로 더 높습니다. 대학에서도 어떤 학문을 하든 비문학을 필수적으로 읽어야 하죠. 따라서 중·고등학교 시기부터는 비문학 장르에도 관심을 가질 필요가 있습니다.

여기서 '정보책'이라는 용어 대신에 '비문학'이라고 통칭한 이유는 비문학의 범위가 더 포괄적이기 때문입니다. 또한 정보책에는 정보를 재미있게 전달하는 그림책도 포함되지만, 비문학에는 그림책이 제외됩니다.

비문학은 다독이 아니라 정독이다

비문학을 읽는 목적은 주로 지식이나 정보를 학습하기 위해서입니다. 따라서 소설 읽기와는 접근법이 달라야 합니다.

일반적으로 소설책은 정확히 읽기보다는 즐겁게 읽는 다독을 추천합니다. 반면에 비문학은 정독이 필수입니다. 비문학 서적은 대충 눈으로 많이 읽는 것보다는 중요한 내용이 무엇인지를 파악하며 자세하고 정확하게 읽는 것이 중요합니다.

비문학 책을 읽을 때 핵심 내용을 파악하는 방법은 책의 목차부터 살펴보는 것입니다. 소설책의 목차는 소설 내용을 파악하는 데 별 도움이 안 되지만, 비문학 책의 목차는 핵심 내용을 파악하는 데 매우 중요한 정보를 제공합니다. 소제목만 연결해 봐도 책의 주요 내용을 어느 정도 파악할 수 있습니다. 또한 목차를 보면 책에서 다루는 내용을 전체적인 틀에서 확인할 수 있어서 정보를 체계화하는 데도 도움이 됩니다.

비문학 단계에서는 별도의 어휘 학습이 필요하다

소설책을 읽을 때는 모르는 단어가 있어도 최대한 문맥 속에서 유추하는 것이 영어 학습에 도움이 됩니다. 그러나 비문학에 사용되는 단어들은 맥락에서 그 뜻을 추측하기 어렵습니다. 단어 자체가 핵심 개념이나 내용을 전달하기 때문이죠. 핵심 개념을 전달하는 단어의 뜻을 모른다면 책의 내용을 이해하기 어렵습니다. 따라서 비문학에 나오는 어려운 단어들은 별도의 학습이 필요합니다.

비문학 단계에서 영어 어휘력을 끌어올리려면 라틴어 어원을 다룬 어휘집을 공부하는 것이 효과적입니다. 비문학의 핵심 개념을 전달하는 단어들은 대부분 라틴어에서 유래했기 때문입니다.

효과적인 어휘 학습법

기원에 따른 영어 단어의 비율

영어 어휘는 그 기원에 따라 크게 세 종류로 구분됩니다. 영어 단어가 약 10만 개라고 할 때 26퍼센트는 영국인들이 사용하던 순수 영어 어휘이고, 29퍼센트는 프랑스어에서 유입된 외래어이며, 라틴어에서 차용된 단어도 29퍼센트에 이릅니다.[18]

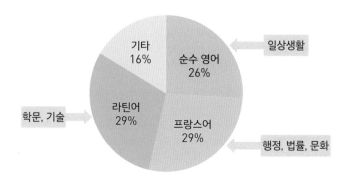

〈기원에 따른 영어 단어의 비율〉

이처럼 현대 영어에서는 다양한 기원을 가진 어휘들이 뒤섞여 사용되고 있습니다. 흥미로운 사실은 기원에 따라 단어의 용도가 다르다는 점입니다. 순수 영어 단어는 일상생활에서 주로 사용되고, 프랑스어에서 유입된 단어는 행정과 법률, 문화 분야에서 주로 사용되며, 라틴어에서 차용된 단어는 과학이나 의학 등 학문 분야에서 주로 사용됩니다.

순수 영어 단어는 문맥 속에서 배운다

영어 어휘를 효과적으로 배우는 방법은 단어의 기원에 따라 다릅니다. 예를 들어, 순수 영어 단어를 배우는 방법과 라틴어에서 유입된 영어 단어를 배우는 방법은 달라야 합니다. 왜 그럴까요? 단어의 기원에 따라 단어의 투명도가 다르기 때문입니다. 단어의 뜻이 광범위해서 한국어로 콕 집어 표현할 수 없다면 투명도가 낮은 단어입니다. 반대로 한국어로 일대일 번역이 가능하다면 투명도가 높은 단어입니다.

순수 영어 단어는 일상생활에서 빈번하게 사용되는 기초 단어들입니다. 순수 영어 단어의 핵심에는 고빈도 동사와 전치사가 있는데, 이 단어들의 뜻은 한국어로 콕 집어 표현하기 어렵습니다. 그 뜻이 광범위하고 문맥에 따라 달라지기 때문입니다. 이와 같이 투명도가 낮은 순수 영어 단어들은 문맥 안에서 배우는 것이 효과적입니다. 요컨대 순수 영어 단어는 영어책을 읽으면서 문맥에서 그 뜻을 스스로 터득하고, 동시에 쓰임새까지 함께 배우는 것이 가장 효과적입니다.

라틴어 계열의 어휘는 어휘 학습서로 배운다

'라틴어 계열의 어휘'란 프랑스어에서 유입된 단어와 라틴어에서 차용된 단어를 모두 포함하는 어휘군을 말합니다. 프랑스어의 조상이 라틴어이기 때문에 보통 하나의 계열로 분류합니다.

라틴어 계열의 단어를 배우려면 라틴어 어원을 먼저 공부하는 것이 가장 효과적입니다. 라틴어의 어근이나 어미를 알면 단어의 철자만 봐도 그 의미를 추측할 수 있습니다. 한자어를 알면 한국어의 뜻을 쉽게 유추할 수 있는 것과 마찬가지입니다. 예를 들어, '배울 학(學)'의 의미를 알면 '학교, 학업, 학습, 학년'의 뜻을 유추할 수 있습니다. 영어에서는 라틴어 어원이 한국어에서 한자어와 같은 역할을 합니다.

라틴어의 어근이나 접사는 의미가 비교적 투명해서 라틴어 어원을 공부하면 단어의 뜻을 이해하기도 쉽고 모르는 단어를 암기하기도 쉬워집니다. 예를 들어 'CAP'의 어원이 '머리(head)'라는 것을 알면 'cap(모자)', 'capital(수도)', 'captain(대장)'과 같은 단어들의 뜻을 쉽게 연상해서 배울 수 있습니다.

라틴어 계열의 단어는 순수 영어 단어보다 그 뜻을 배우기가 오히려 쉽습니다. 한국어로 일대일 번역이 가능한 단어가 대부분이니까요. 따라서 순수 영어 단어와는 달리 단어장이나 어휘 학습서로 배우는 것이 효과적입니다.

영어책 단계에 따른 효과적인 어휘 학습법

영어 단어는 그 기원에 따라 효과적인 학습법이 다르지만, 그렇다고 해서 각 단어의 기원을 일일이 찾아볼 필요는 없습니다. 영어책 단계별로 효과적인 어휘 학습법을 적용할 수 있기 때문입니다.

만약 아이가 그림책을 읽는 단계라면 영어 어휘를 별도로 배우지 말고, 그림책을 읽으면서 문맥 속에서 배워야 합니다. 그림책에 나오는 단어들은 대부분 영어의 기초 단어인 순수 영어 단어들이므로 문맥 속에서 단어의 쓰임새까지 함께 배우는 것이 효과적입니다.

영어 실력이 향상돼 비문학을 읽는 단계라면 어휘 학습서를 활용해 어휘력을 키워도 좋습니다. 비문학을 읽는 수준이라면 학습자가 이미 영어의 기초 단어들을 모두 익혔고, 모르는 단어들은 대부분 라틴어 계열의 저빈도 단어일 가능성이 크기 때문입니다.

영어 단어를 맥락 속에서 배워야 할지 어휘 학습서로 배워야 할지의 문제를 영어책 단계로 설명해 보았습니다. 하지만 이것은 하나의 예시일 뿐, 이분법적으로 나누어 꼭 한 가지 방법만을 사용해야 하는 것은 아닙니다. 가령, 챕터북 단계에서는 문맥 속에서 단어를 먼저 접한 후에 그 단어를 단어장에 따로 적어서 익혀도 괜찮습니다. 소설책 단계에서도 감정이나 심리를 나타내는 단어들은 문맥 속에서 배우는 것이 좋지만, 그 외의 단어들은 개별로 암기해도 무방합니다.

순수 영어 단어는 영어책을 읽으면서
문맥에서 그 뜻을 스스로 터득하고,
동시에 쓰임새까지 함께 배우는 것이
가장 효과적입니다.

5부

•

영어책 ReaStening으로
말하기, 쓰기 그리고 시험 영어까지

•

1장

•

ReaStening 영어 말하기

영어 읽기와 듣기는 엄마표 영어로 비교적 쉽게 해결할 수 있습니다. 영어책과 동영상으로 입력을 풍부하게 제공해 주기만 해도 아이는 혼자서도 잘 배웁니다. 하지만 영어 말하기는 그렇지가 않습니다. 아이 혼자서 영어 말하기를 배우기는 어려운 일입니다.

이와 같은 문제를 해결할 수 있는 좋은 방법이 있습니다. 'ReaStening 영어 말하기'로 공부하면 아이 혼자서도 영어 말하기를 주도적으로 배울 수 있습니다. 특히 그림책이나 챕터북은 주로 구어체로 기술돼 있어서 훌륭한 말하기 교재가 됩니다.

'ReaStening 영어 말하기'란 무엇인가?

청중을 향한 일방향 말하기

말하기 방법에는 크게 두 가지가 있습니다. 하나는 상대방과 대화를 주고받는 '양방향 말하기'이고, 다른 하나는 청중을 대상으로 말하는 '일방향 말하기'입니다. 우리나라처럼 영어로 대화할 상대를 찾기가 어려운 상황에서는 일방향 말하기 방법을 통해 영어 말하기를 학습할 수 있습니다.

일방향 말하기의 종류에는 청중에게 사건이나 장면을 해설해 주는 내레이션(narration), 청중에게 이야기를 들려주는 스토리텔링(storytelling), 청중 앞에서 자신의 지식이나 아이디어를 전달하는 프레젠테이션(presentation) 등이 있습니다.

'ReaStening 영어 말하기'는 영어책을 ReaStening 한 후에 그 내용을 청중에게 말로 전달하는 일방향 말하기 방법입니다. 즉, ReaStening 한 영어책의 내용을 내레이션이나 스토리텔링 방식으로 청중을 향해 일방향으로 전달하는 영어 말하기 방법입니다.

집에서 영어 말하기 연습을 하면 청중을 가까이에서 찾을 수 있습니다. 엄마, 아빠, 언니, 오빠, 동생 등 가족들이 소파에 앉아 청중이 되고, 아이는 그 앞에서 내레이터나 스토리텔러가 되어 영어로 이야기를 전달합니다.

부모가 영어를 잘하지 못하는데 괜찮을까?

가족 중에 영어를 잘하는 사람이 있으면 좋겠지만, 누구도 영어를 알아듣지 못해도 괜찮습니다. 왜냐하면 ReaStening 말하기는 풀이 과정이 자세하게 설명된 해답지가 있는 수학 문제를 푸는 것과 흡사하기 때문입니다. 말하기 연습에 필요한 모든 영어 표현이 이미 ReaStening 했던 책에 나와 있기 때문에 부모가 영어를 잘하지 못해도 큰 문제가 되지 않습니다.

ReaStening 말하기에서 관건은 청중이 있느냐 없느냐입니다. 청중이 아이가 말하는 내용을 이해하지 못해도 상관없습니다. 아이는 자신의 말을 들어줄 청중이 있는 것만으로도 영어로 말할 동기가 생깁니다. 또 청중 앞에서 좀 더 멋지게 말하려고 스스로 연습하는 과정에서 영어 말하기 능력이 향상됩니다. 여기에 부모가 즐거운 표정과 함께 칭찬의 박수를 보내 주면 아이는 성취감과 자신감까지 느끼겠죠. 나아가 아이에게 통역사 역할까지 부탁하면 아이의 자신감은 더욱 높아질 것입니다.

말하기 연습은 아이가 말하고 싶어 할 때

영어 말하기를 시작해야 할 시점은 아이가 말하고 싶어 할 때입니다. ReaStening을 하다 보면 어느 시점에 아이 스스로 귀에 맴도는 영어를 말로 표현하기 시작합니다. 그전까지는 아이에게 억지로 말하기 연습을 강요하지 말아야 합니다. 최우선으로 삼아야 할 것은 영어책을 읽는 것이고, 영어책만 잘 읽는다면 말하기는 나중에 시작해도 절대 늦지 않습니다.

말하기 연습 진행 순서

말하기 연습은 현재 ReaStening 하는 책보다 훨씬 쉬운 단계의 그림책으로 시작합니다. 나눗셈과 곱셈을 배우는 단계에서 덧셈과 뺄셈 문제를 풀면 쉽게 느껴지듯이, 챕터북을 ReaStening 하는 단계에서 과거에 읽었던 그림책은 쉽게 느껴질 겁니다. 이렇게 쉬운 그림책으로 말하기를 연습하면 부담 없이 말하기를 시작할 수 있습니다. 말하기 연습은 다음 순서로 진행합니다.

〈말하기 연습 진행 순서〉

말하기를 연습할 수 있는 가장 기초적이고 쉬운 방법은 '소리 내어 읽기'입니다. 오디오 음원 없이 혼자 소리 내어 읽으면서 발음 연습도 하고 책 속의 표현을 구두로 연습해 봅니다. 특히 그림책과 챕터북에는 대화체 영어가 많아서 이를 소리 내어 읽는 것 자체가 말하기 연습입니다.

'내레이션' 단계에서는 영어책의 그림을 보며 그 내용을 청중에게 영어로 전달하고, '스토리텔링' 단계에서는 영어책을 보지 않고 그 내용을 청중에게 전달하면서 말하기 연습을 합니다.

소리 내어 읽기로 시작한다

소리 내어 읽기로 말하기 연습이 된다?

흔히 소리 내어 읽기는 '읽기 연습' 방법이라고 생각합니다. 유창하게 읽는 방법으로 소리 내어 읽기가 주로 활용되기 때문이죠. 그런데 영어를 외국어로 배우는 우리 아이들에게는 소리 내어 읽기가 훌륭한 '말하기 연습'이 됩니다. 실제로 소리 내어 읽기는 말하기 능력의 평가 방법으로도 사용됩니다.

일례로 영미권 대학에 입학할 때 널리 사용되는 공인시험 중 하나인 PTE 영어 시험(Pearson Test of English)은 소리 내어 읽기를 말하기 평가 문항으로 사용합니다. 수험자가 주어진 지문을 소리 내어 읽도록 한 후, 이를 바탕으로 수험자의 발음과 리듬, 유창성을 평가합니다. 또한 토익(TOEIC) 말하기 시험에서도 소리 내어 읽기를 말하기 평가의 척도로 활용합니다.

이처럼 소리 내어 읽기는 읽기 연습이기도 하고, 동시에 말하기 연습이기도 합니다. 그림책을 ReaStening 한 후 그 내용을 처음으로 소리 내어 읽는다면 읽기 연습이 됩니다. 같은 책을 반복적으로 읽으면서 소리 내어 읽기에 부담이 없어지면, 이 시점부터는 말하기 연습이 됩니다.

패턴북으로 시작하는 소리 내어 읽기

소리 내어 읽기를 쉽게 시작하는 방법은 패턴북을 활용하는 것입니다. 패턴북은 동일한 단어나 문장 패턴이 반복되기 때문에 암기하기가 수월합니다. 철자를 보고 단어를 읽는 것이 아니라, 이미 암기한 단어의 소리를 책에 쓰여 있는 단어에 대입하며 읽습니다. 마치 답을 미리 알고 문제를 푸는 것처럼, 패턴북을 활용하면 소리 내어 읽기를 쉽게 시작할 수 있습니다. 영어 초보자라면 노래가 있는 패턴북이 더 효과적입니다.

리더스 시어터: 성우처럼 소리 내어 읽기

소리 내어 읽기를 실제 말하기처럼 연습하는 방법으로 '리더스 시어터(Reader's theater)'가 있습니다. 리더스 시어터는 성우처럼 대본을 보고 읽으며 연기하는 활동을 말합니다. 일반 연극에서는 대본을 외워서 공연하지만, 리더스 시어터는 대본을 보면서 읽기 때문에 암기의 부담이 없습니다. 리더스 시어터를 활용하면 소리 내어 읽기를 지루해하는 아이들도 훨씬 재미있게 연습할 수 있습니다.

리더스 시어터를 시작할 때는 문답형 패턴북을 활용하는 것이 효과적입니다. 소리 내어 읽기를 마치 대화하는 것처럼 할 수 있기 때문이죠. 예를 들어 이야기가 문답형으로 진행되는 에릭 칼의 『Brown Bear, Brown Bear, What Do You See?』는 리더스 시어터를 시도하기에 좋습니다.

엄마: Brown Bear, Brown Bear, What do you see?
아이: (곰 목소리 흉내를 내며) I see a red bird looking at me.

엄마: Red Bird, Red Bird, What do you see?

아이: (새가 지저귀는 목소리로) I see a yellow duck looking at me.

처음에는 엄마가 내레이터 역할을 맡고, 아이는 동물 역할을 맡아 연기하듯이 다양한 목소리 톤으로 책을 읽습니다. 그다음에는 엄마와 아이가 역할을 바꿔서 해 봅니다. 이렇게 문답형 패턴북으로 리더스 시어터를 시도해 보면 매우 재미있는 이야기 극장을 재현해 볼 수 있습니다.

그림책의 그림을 내레이션하라

내레이션 자료 선택하기

'내레이션'이란 연극이나 텔레비전 프로그램 등에서 사건이나 상황을 말로 설명해 청중에게 전달하는 말하기 방법입니다. 이 내레이션을 영어 말하기 연습 방법으로 활용할 수 있습니다. 즉, 아이가 내레이터가 되어 청중에게 그림책의 그림을 영어로 묘사하며 이야기를 전달해 주는 겁니다.

내레이션 자료는 아이가 과거에 ReaStening 했던 그림책 중에서 선택합니다. 그림책을 선택하는 기준은 다음과 같습니다.

- 이야기가 그림 중심으로 전개되는 그림책을 고른다.
- 현재 ReaStening 하는 책보다 영어의 수준이 훨씬 낮아야 한다.
- 오디오 음원의 도움 없이 아이 혼자서 소리 내어 읽을 수 있는 책을 고른다.
- 책 내용에 흥미를 느껴서 ReaStening을 여러 번 반복했던 책을 고른다.

내레이션하는 방법

내레이션 그림책을 선택했다면 아이가 혼자 소리 내어 읽어 보게 합니다. 자신 있게 소리 내어 읽을 수 있으면 가족을 청중으로 초대합니다. 청중은 한 사람이어도 좋고 여러 명이어도 좋습니다. 아이는 청중 앞에서서 그림책의 그림을 영어로 묘사하며 이야기를 전달합니다. 그림책 주인공의 외모를 묘사하는 것으로 시작할 수도 있고, 그림 그리기를 좋아하는 아이라면 이야기의 몇 장면을 그림으로 그려서 이야기처럼 전달할 수도 있습니다.

처음에는 텍스트를 보지 않고 그림을 묘사하기가 쉽지 않기 때문에 그림책을 원고처럼 보면서 말하게 합니다. 그림책의 문장을 눈으로 힐끔 본 후에 그림을 청중에게 보여 주면서 읽었던 문장을 기억해서 설명해 주는 거죠. 이 과정이 쉬워지면 그다음부터는 텍스트를 보지 않고 그림만 보면서 그 내용을 내레이션하게 합니다. 이것도 자연스러워지면 성우처럼 연기하듯이 목소리에 감정을 담아 시도해 봅니다.

내레이션의 예: 『Willy the Dreamer』

앤서니 브라운(Anthony Browne)의 그림책 『Willy the Dreamer(꿈꾸는 윌리)』는 대화문이 아니라 서술문으로 구성돼 있어서 내레이션하기에 좋습니다. 또한 같은 문장 패턴을 사용해 윌리의 꿈을 묘사하기 때문에 영어가 비교적 쉽고 그림도 단순해서 내레이션을 쉽게 시작할 수 있습니다. 다음은 윌리의 꿈을 보여 주는 그림입니다.

〈『Willy the Dreamer』 중 일부〉

내레이션은 청중에게 주인공 윌리를 소개하면서 시작합니다. 그림책을 펴면 첫 페이지에 소파에 앉아 있는 윌리의 그림이 나옵니다. 아이는 이 그림을 손가락으로 가리키며 This is Willy. Willy dreams.라고 말합니다. 그다음에는 두 번째 페이지로 넘기고 밑에 있는 문장을 슬쩍 읽어 봅니다. 아이는 다시 청중을 보며 Sometimes Willy dreams that he's a film-star.라고 말하고, 해당 그림을 청중에게도 보여 줍니다.

물론 처음에는 실수가 많을 겁니다. Willy dream film-star.라거나 Willy dream he film-star.처럼 잘못된 문장으로 말할 수도 있겠죠. 하지만 내레이션을 반복하다 보면 문장의 완성도도 높아지고 표현력도 늘기 시작합니다.

정확성보다는 유창성이 먼저다

말하기를 시작할 때 반드시 강조하고 싶은 것이 있습니다. 문장이나 표현의 오류에 신경을 쓰지 않아야 한다는 겁니다. ReaStening으로 배우는 말하기는 모델 텍스트가 있어서 누가 고쳐 주지 않아도 어떤 부분이 틀렸는지 스스로 확인할 수 있습니다. 따라서 정확하게 말하는 것을 기대하기보다는, 아이가 거리낌 없이 자신감을 가지고 말하는 점을 칭찬해 줘야 합니다. 영어 말하기를 시도해 보는 것 자체가 매우 값진 경험이니까요.

영어 말하기의 초기 단계에서는 정확성을 강조할 필요가 없습니다. 처음부터 정확성을 따지면 뇌에 과부하가 걸립니다. 말할 내용에 집중하기도 어려운데, 여기에 문법까지 신경을 써야 한다면 정신이 분산돼서 말하기 자체가 어려워집니다. 아이에게 처음부터 정확성을 요구하면 영어 실력이 자라지 못합니다. 이는 마치 아래의 분재 그림 예시처럼 정확성이라는 철사로 아이의 영어 학습 잠재력을 꽁꽁 묶어 놓는 것과 같습니다.

정확성 먼저

유창성 먼저

말하기 연습 초기 단계에서는 유창성에 우선순위를 둬야 영어 실력이 향상됩니다. 나무가 어느 정도 자란 후에 좀 더 멋지게 만들기 위해서 가지를 다듬어 주는 것처럼, 유창성이 자란 후에 정확성을 신경 쓰는 것이 바람직합니다.

이야기를 스토리텔링하라

패턴북으로 스토리텔링을 시도해 보자

패턴북은 스토리텔링으로 영어 말하기 연습을 할 때도 좋은 교재가 됩니다. 패턴북은 문장에 리듬감이 있고, 몇 번만 소리 내어 읽어도 쉽게 암기되기 때문에 부담 없이 스토리텔링을 시도해 볼 수 있습니다. 영국의 아동문학가 마이클 로젠(Michael Rosen)의 그림책『We're Going on a Bear Hunt(곰 사냥을 떠나자)』를 예로 들어 볼까요?

이 그림책은 한 가족이 풀밭, 강, 진흙, 숲, 눈보라와 같은 장애물을 헤치고 곰 사냥을 하러 갔다가 동굴 속의 곰을 보자마자 무서워서 허둥대며 쫓기듯이 집으로 돌아오는 내용입니다. 각종 장애물을 만날 때마다 아래의 반복 패턴이 후렴구처럼 여섯 번이나 반복됩니다. 또한 멜로디가 있어서 몇 번만 ReaStening 하면 저절로 외워집니다.

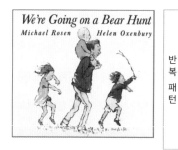

| 반복 패턴 | We're going on a bear hunt.
We're going to catch a big one.
What a beautiful day!
We're not scared.

We can't go over it.
We can't go under it.
Oh, no!
We've got to go through it. |

〈이야기 속 장애물 순서〉
Grass → River → Mud → Forest → Snowstorm → (Cave → Home)

이제 풀밭, 강, 진흙 등과 같은 장애물 순서만 암기하면 스토리텔링을 시작할 수 있습니다. 장애물 순서를 외우기가 힘들다면 손바닥에 메모해도 되고, 그림책을 보면서 이야기해도 괜찮습니다.

마이클 로젠은 2014년 이 그림책의 출판 25주년을 기념해 1,500명 어린이를 모아 놓고 직접 그림책을 읽어 줬습니다. 이날 행사는 '가장 큰 규모의 읽기 수업'으로 기네스북에 오르기도 했죠. 유튜브의 검색창에 'Michael Rosen performs We're Going on a Bear Hunt'를 입력하면 작가의 스토리텔링 영상을 확인할 수 있습니다. (https://www.youtube.com/watch?v=0gyI6ykDwds)

아이가 이 책을 스토리텔링하기 전에 작가의 스토리텔링 동영상을 먼저 보면 큰 도움이 될 겁니다. 작가가 책 속의 의성어를 얼마나 실감 나고 생동감 있게 묘사하는지를 보는 것도 큰 재미입니다.

긴 호흡의 스토리텔링은 전래동화로 시도해 보자

그림책 스토리텔링에 어느 정도 익숙해졌다면, 이제는 기승전결이 있는 좀 더 긴 호흡의 스토리텔링을 시도해 볼 차례입니다. 한 단계 높은 수준의 스토리텔링은 영어 전래동화가 잘 어울립니다.

전래동화가 문자 없이 구전으로 전해 내려올 수 있었던 이유는 정형화된 틀이 있어서 이야기의 내용이 잘 기억되기 때문입니다. 전래동화는 흔히 Once upon a time으로 시작해 They lived happily ever after.라는 문장으로 이야기가 끝나죠. 이 시작과 끝 사이에 일어난 사건을 시간 순서대로 나열하면 됩니다.

전래동화 중에『Goldilocks and the Three Bears(골디락스와 곰 세 마리)』를 예로 들어 볼까요? 이 이야기는 시간 순서대로 사건이 진행되기 때문에 줄거리를 기억하기가 쉽습니다. 골디락스라는 소녀는 숲속에 있는 곰의 집에 몰래 들어가 죽도 먹고 의자에도 앉아 보고 침대에도 누워 보다가 아기곰 침대에서 잠이 듭니다. 이때 곰 세 마리가 집에 돌아와 소녀를 발견하고, 놀란 소녀가 달아나면서 이야기는 끝이 납니다.

이 전래동화가 스토리텔링으로 좋은 이유는 유사한 문장 패턴을 반복적으로 사용하기 때문입니다. 먼저 Once upon a time으로 시작하고 그림책을 슬쩍슬쩍 보면서 아래의 순서대로 사건을 설명하면 됩니다.

- 배경 설명: 곰 세 마리가 산책하러 나갔다.
- 사건의 발단: 골디락스가 곰의 집에 들어온다.
- 사건의 전개: 테이블 위의 죽을 먹고 의자를 부러뜨리고 침대에서 잔다.
- 절정: 곰 세 마리가 집에 돌아와서 침대에서 자고 있는 골디락스를 발견한다.
- 결말: 골디락스가 도망간다.

일대일 스토리텔링으로 유창성을 높인다

여러 명의 가족 앞에서 내레이션이나 스토리텔링을 하는 것도 좋지만, 말하기 유창성을 키우고 싶다면 일대일 스토리텔링이 가장 효과적입니다. 예를 들어 처음에는 엄마에게 골디락스 이야기를 들려주고, 그다음에는 형제나 자매에게 똑같은 이야기를 다시 들려줍니다. 마지막으로 같은 이야기를 아빠에게 들려준다면 아이는 세 번이나 똑같은 내용을 반복하게 됩니다. 이 과정에서 자신감이 올라가는 것은 물론이고, 말하기 유창성도 향상됩니다.

반복적인 스토리텔링으로 말하기 유창성이 높아지면 이야기를 전달하는 시간도 점점 줄어듭니다. 처음 엄마에게 이야기할 때 8분이 걸렸다면, 두 번째로 동생에게 말할 때는 7분으로 줄어듭니다. 그다음 아빠에게 전달할 때는 5분 만에 끝낼 수 있죠. 그뿐만 아니라 이야기를 반복할수록 암기나 문장 표현에 대한 부담이 적어지기 때문에 진짜 스토리텔러처럼 과장된 목소리나 제스처를 섞어서 연기하듯이 이야기할 수 있습니다.

아이가 스토리텔링을 시작하면 그 과정을 영상으로 기록하는 것도 좋습니다. 영상 파일을 포트폴리오로 만들면 아이는 자신의 발전 과정을 눈으로 실감하면서 성취감과 자신감을 느끼게 됩니다. 이는 영어 학습의 동기로 이어져서 즐거운 마음으로 더 열심히 영어를 공부하게 됩니다.

ReaStening 영어 말하기, 왜 최선의 방법인가?

ReaStening 말하기는 진짜 말하기다

'ReaStening 영어 말하기'의 가장 큰 장점은 대화 상대가 없어도 진짜 말하기를 할 수 있다는 겁니다. ReaStening 영어 말하기는 청중에게 책의 내용을 전달하기 위해 영어를 수단으로 사용하므로 실제의 말하기와 유사합니다. 즉 벽을 보고 하는 혼잣말이 아니라, 이야기나 정보를 타인에게 전달하기 위한 수단으로 영어를 사용합니다.

영어책을 읽은 후에 그림을 보면서 내레이터가 말하듯이 엄마에게 그 내용을 영어로 전달하는 것은 현실에서 진행되는 진짜 말하기입니다. 또 전래동화를 읽은 후에 그 이야기를 엄마에게 들려준다면 이것도 진짜 말하기라고 할 수 있습니다. 동화는 가상의 이야기지만 아이가 부모나 형제에게 이야기를 전해 주는 것은 현실입니다. 이처럼 ReaStening 영어 말하기 방법은 실생활에서 영어를 쓰지 않는 우리 환경에서 영어로 말하기를 시도해 볼 수 있는 효과적인 방법입니다.

풍부한 콘텐츠로 수준 높은 말하기 능력을 키운다

'ReaStening 영어 말하기'는 읽고 들은 내용을 말로 표현하는 통합형 말하기 방법입니다. 이러한 통합형 말하기의 또 다른 장점은 말할 내용이 풍부하다는 겁니다. 보통 영어 원어민 강사에게 영어 회화를 배울 때 대화 주제를 찾기가 어렵습니다. 그래서 회화 학원에서는 주로 교재 내용으로 말하기를 연습합니다. 그런데 그 내용이 학습자에게 관심이나 흥미가 없는 주제일 때가 많고, 자신이 직접 경험한 내용이 아니어서 대화가 피상적이고 단편적인 수준에 머물기 일쑤입니다.

반면에 ReaStening으로 하는 통합형 말하기는 콘텐츠가 풍부합니다. 영어책 한 권을 읽을 때마다 콘텐츠가 점점 쌓여 갑니다. 또한 주인공에게 감정이입을 하면서 심적으로 경험한 내용이기 때문에 이야기를 재미있고 생생하게 전달할 수 있습니다.

'영어를 잘 한다'는 말의 뜻은 원어민 발음으로 유창하게 말하는 것이 아닙니다. 콘텐츠가 없는 영어는 알맹이 없는 껍질에 불과합니다. 말의 내용이 좋아야 영어를 잘한다고 할 수 있습니다. ReaStening 말하기로 영어를 연습하면 수준 높은 영어를 구사할 수 있습니다.

'ReaStening 영어 말하기'로 영어 시험도 대비할 수 있다

대화 상대 없이 일방향으로 말하는 'ReaStening 영어 말하기' 방법이 과연 효과적인 말하기 방법인지 염려하는 부모도 있을 겁니다. 그러나 외국어로서 영어를 배우는 우리의 현실을 고려할 때, ReaStening 말하기는 가장 경제적이고 효율적인 방법이라고 할 수 있습니다. 단순히 영어회화 실력뿐 아니라, 각종 영어 시험을 준비할 때도 도움이 됩니다.

일례로 토익이나 토플의 말하기 시험에서는 두 사람의 대화가 아니라 수험자 혼자서 말하는 서술식 말하기 능력을 평가합니다. 그림이나 도표의 내용을 말로 묘사하거나, 특정 주제에 대해 자기 생각을 말로 서술하도록 합니다. 요컨대, 쌍방향의 대화식 말하기가 아니라 일방향 말하기 방법으로 말하기 능력을 평가하는 겁니다.

공인 영어 시험에서 말하기 능력을 일방향 말하기 방식으로 평가하는 이유는 평가에 들어가는 비용과 시간을 절약할 수 있어서입니다. 무엇보다 일방향 말하기 능력이 쌍방향 대화 능력과 거의 같다는 사실이 이론적으로 검증됐기 때문에 입시 기관이나 기업들도 이러한 평가 결과를 인정하는 것이지요.

일방향 말하기가 능숙해지면 원어민과 직접 대화하는 것은 그리 어려운 일이 아닙니다. 따라서 영어로 말할 대상을 찾기가 쉽지 않은 우리나라에서는 'ReaStening 영어 말하기' 방법이 가장 효율적인 대안입니다.

일방향 말하기가 능숙해지면
원어민과 직접 대화하는 것은
그리 어려운 일이 아닙니다.

2장

•

ReaStening 영어 글쓰기

영어 쓰기를 처음 시작할 때 어떤 내용을 어떤 표현으로 써야 할지 막막합니다. 주변에 영어 쓰기를 가르쳐 줄 만한 사람을 찾기도 힘듭니다. 이러한 문제들은 영어책 읽기와 연계해 영어 쓰기를 배우는 'ReaStening 영어 글쓰기'로 비교적 쉽게 해결할 수 있습니다.

'ReaStening 영어 글쓰기'는 ReaStening 한 내용을 글로 쓰는 통합형 글쓰기 방법입니다. 어떤 내용을 써야 할지 어떤 표현을 사용해야 할지 고민할 필요가 없습니다. 영어책 자체가 훌륭한 교사의 역할을 하기 때문이죠. 그림책의 글을 읽고 이를 모델로 삼아 영어 쓰기를 시도하면, 글쓰기 전문가인 작가로부터 글쓰기를 배우는 것과 유사한 효과가 있습니다.

영어 쓰기 연습 방법

쓰기 연습은 언제부터 시작할까?

영어 쓰기를 시작하는 시점은 아이마다 다르지만, ReaStening으로 영어의 뼈대인 문장 구조를 충분히 익힌 후에 시작합니다. 영어책을 충분히 읽은 후에 현재 ReaStening 하고 있는 책보다 훨씬 쉬운 책으로 쓰기 연습을 합니다. 챕터북을 ReaStening 하는 단계라면 그림책으로 영어 쓰기를 시도해 봅니다.

처음에는 단어 쓰기부터 시작하고 읽기 수준이 올라감에 따라 문장 쓰기, 문단 쓰기, 글쓰기 순으로 점차 수준을 높여 나갑니다. 여기서 기억해야 할 것은 영어책 읽기가 가장 중요하다는 점입니다. 만약 영어 쓰기를 빨리 시작하려다 그 부작용으로 아이가 영어책 읽기를 싫어하게 되면 차라리 쓰기를 시작하지 않는 편이 훨씬 낫습니다.

문장 쓰기는 패턴북으로 시작한다

영어 쓰기를 처음 시도할 때는 과거에 ReaStening 했던 그림책 중 패턴북으로 시작해야 쉽고 부담이 적습니다. 이미 ReaStening을 통해 문장의 패턴이나 어휘를 익혔기에 쓰기에만 집중할 수 있으니까요. 만약 패턴북인 『Brown Bear, Brown Bear, What Do You See?』로 영어 쓰기를 한다면, 다음 페이지의 그림처럼 책에 등장하는 단어를 따라 쓰는 것부터 시작합니다.

	bear		duck
	bird		frog
	cat		fish
	dog		horse

<단어 따라 쓰기 자료>

만약 아이가 연필로 쓰는 것을 힘들어하거나 귀찮아한다면 가끔씩은 컴퓨터 자판으로 쓰는 것도 나쁘지는 않습니다. 컴퓨터 자판으로 단어를 쓰려면 철자를 눈으로 주의 깊게 봐야 하고, 눈으로 본 철자를 자판으로 쳐야 하며, 화면에 나타난 전체 단어를 다시 확인하는 과정을 거쳐야 합니다. 철자를 익힌다는 측면에서 보면 손으로 직접 쓰는 것과 유사한 효과가 있습니다.

단어 쓰기가 어렵지 않다면 이제는 문장 쓰기를 시도해 봅니다. 처음에는 책에 있는 문장을 그대로 옮겨 적어도 괜찮지만, 다음 페이지의 그림처럼 핵심 표현을 이용해 문장을 완성하는 방법을 활용하면 좋습니다. 그림 아래에 반복되는 문장 패턴을 함께 제시해 주면 아이가 더 쉽게 문장 쓰기를 할 수 있습니다.

패턴북으로 문장 쓰기를 연습하면 좋은 이유는 두 개의 문형만 알면 한 권의 그림책을 쓸 수 있기 때문입니다. 한 문장을 아무런 이유도 없이 열 번이나 반복해 노트에 쓰라고 하면 아이에게는 노동에 불과할 겁니다. 그러나 패턴북으로 영어 쓰기를 연습하면 문형이 똑같아도 내용이

| Brown Bear | Red Bird | Yellow Duck | Blue Horse | Green Frog |
| Purple Cat | White Dog | Black Sheep | Gold Fish | Teacher |

_____ _____, _____ _____, What do you see?

I see a _____ _____ looking at me.

〈문장 쓰기 그림 자료〉

달라서 열 번을 써도 지루해하지 않죠. 만약 손으로 영어 쓰기를 힘들어 한다면 10개 중 5개만 쓰거나 컴퓨터 자판을 이용합니다.

그림 그리기를 좋아하는 아이라면 「Brown Bear, Brown Bear, What Do You See?」책 만들기를 시도해 보면 좋습니다. 그림책에 등장하는 곰, 새, 오리, 말, 개구리 등을 직접 그리고 그 밑에 글을 쓰면 한 권의 책이 완성되죠. 아이들은 한 권의 그림책을 만들 수 있다는 생각에 자신감과 더불어 성취감도 느끼게 됩니다.

문단 쓰기는 '보고 쓰기'로 시작한다

'보고 쓰기'란 책에 있는 문장을 그대로 옮겨 적는 것을 말합니다. 문단 수준의 글쓰기 연습을 할 때 효과적이죠. 눈으로 읽었던 문장을 손으로 직접 쓰면 그전에는 주의 깊게 보지 못했던 문법과 같은 세부 사항에 주목하게 됩니다. 또한 다음에 어떤 문장이 나올지를 예측하고 확인하는 과정에서 사고력과 담화 구성 능력이 향상됩니다.

'보고 쓰기'로 문단 쓰기를 연습할 때는 먼저 다 읽은 책에서 가장 재미있다고 느낀 부분을 고릅니다. 노트에 책의 제목과 작가의 이름을 적고 그 밑에 자신이 고른 구절이나 문단을 옮겨 적습니다. 이때 영어책을 처음부터 끝까지 옮겨 적는 일은 피합니다. 손으로 쓰는 양이 많아지면 점점 기계적으로 쓸 뿐 생각은 없어지고 단지 손 근육 운동으로 끝날 수 있으니까요.

글쓰기는 '요약하기'로 시작한다

진정한 글쓰기의 시작은 영어책을 읽은 후 주요 내용을 글로 요약하는 것입니다. 책에 있는 내용을 그대로 보고 쓰는 것이 아니라, 글의 주요 내용을 파악한 후 자신의 글로 풀어서 표현하는 방법이기 때문이죠. 또한 요약하기는 논리적 글쓰기의 시작이기도 합니다. 어떤 글을 잘 요약하려면 우선 핵심 내용을 찾아야 하고, 핵심 내용을 뒷받침하는 세부 내용을 논리적이고 일관성 있게 정리해야 하기 때문입니다.

책을 요약하는 능력은 독해력이 높아야 가능합니다. 독해력을 측정할 때는 주로 글의 중심 내용을 파악하도록 하는데, 글을 요약할 때도 먼저 글의 중심 내용을 파악해야 합니다. '요약하기' 방법으로 영어 글쓰기를 연습하면 쓰기 능력뿐만 아니라 사고력과 독해 능력도 키울 수 있습니다.

　요약하기는 아이의 영어 수준에 따라 범위를 넓혀 나가면 됩니다. 처음에는 간단한 그림책으로 시작해 그다음엔 챕터북의 한 챕터만 요약하거나 챕터북 한 권을 요약해 보고, 더 나아가 소설책 요약에 도전해 보는 식입니다. 영어책을 요약할 때는 육하원칙에 맞춰 '언제, 어디서, 누가, 무엇을, 어떻게, 왜'의 순서로 할 수도 있고, 시간 순서대로 사건을 요약할 수도 있습니다.

　이야기를 요약하려고 책을 다시 읽을 때는 먼저 중요한 사건이나 내용에 밑줄을 긋습니다. 만약 밑줄 그은 문장들에서 특정 단어가 반복된다면 그 단어가 핵심어일 가능성이 크죠. 그다음에는 밑줄 그은 문장들과 핵심어를 활용해 내용을 연결합니다. 이렇게 책을 요약하는 연습은 차후에 논리적 글쓰기의 바탕이 됩니다.

영어 글쓰기에 관한 Q&A

영어로 일기 쓰기가 도움이 될까?

영어 쓰기 능력을 높이는 방법의 하나로 '영어 일기 쓰기'를 권장하곤 합니다. 그러나 그 효과는 아이의 영어 수준에 따라 다릅니다. 초보 단계의 아이에게는 영어 일기 쓰기가 큰 도움이 되지 않습니다. 머릿속의 영어 창고에 저장된 표현이 거의 없다 보니 매일 일기를 써도 영어 실력이 늘지 않습니다. 영어로 글을 잘 쓰려면, 매일 쓰는 것보다 먼저 영어책을 많이 읽어서 영어식 표현 방법을 익히는 것이 더 중요합니다.

영어식 표현 방법을 익히지 않은 초기 단계에 영어로 일기를 쓰면, 어법에 맞지 않는 어색한 문장을 반복해서 쓸 수 있습니다. 영어 일기에 쓸 내용을 한국어로 먼저 생각하고 한영사전을 찾아서 영어로 번역하는 과정을 거치기 때문이죠.

영어는 한국어와 문장 구조도 다르지만 생각을 표현하는 방법도 매우 다릅니다. 한국어를 문자 그대로 번역하면 원어민 화자들은 사용하지 않는 어색한 표현이 될 때가 많습니다. 두 언어 사이에 표현 방법의 차이는 셀 수 없을 만큼 많지만, 몇 개의 예를 들면 다음과 같습니다.

한국어	영어	
몸무게가 얼마예요?	What is your weight?	(X)
	How much do you weigh?	(O)

코끼리는 코가 길다.	An elephant's nose is long.	(X)
	Elephants have long trunks.	(O)
여기가 어디예요?	Where is here?	(X)
	Where are we?	(O)
새해 복 많이 받으세요.	Please take a lot of luck in the New Year.	(X)
	Happy New Year!	(O)

이처럼 한국어식 사고를 바탕으로 한영사전에 의존해 영어 일기를 쓴다면 매일 일기를 써도 영어 실력은 그다지 늘지 않습니다. 영어를 매일 쓰는 것이 급선무가 아니라, 영어책을 읽으며 영어식 표현 방식을 먼저 익힌 후에 이를 바탕으로 영어 일기를 써야 실력이 향상됩니다.

영어로 창의적 글쓰기 연습이 필요할까?

영어 글쓰기를 안내하는 책자들을 보면, 타인의 글을 모델로 삼아 글을 쓰는 방법은 바람직하지 않다고 지적하기도 합니다. 즉, 멘토 텍스트를 활용해 글쓰기를 연습하는 방법은 창의적 글쓰기의 싹을 자르는 것과 같다는 거죠. 그러나 이는 타당한 지적이 아닙니다.

한국어로 창의적 글쓰기가 가능한 사람은 영어 표현만 익히면 당연히 영어로도 창의적 글쓰기가 가능합니다. 글을 쓴다는 것은 생각을 언어로 표현하는 능력이기 때문에 생각이 체계적으로 정리돼 있다면 한국어든 영어든 비슷한 유형으로 나타나기 마련입니다. 영어를 배우는 학습자로서 창의적 글쓰기보다는 좋은 글을 모델로 삼아 영어식 표현 방법을 배우는 것이 우선돼야 합니다.

글쓰기의 정확성을 높이려면 어떻게 해야 할까?

영어로 글쓰기를 시작하는 초기 단계에서는 문법적 오류에 신경 쓰지 말고, 영어에 대한 두려움 없이 일단 써 보도록 격려하는 것이 우선입니다. 그러나 쓰기 단계가 올라가면 정확성이 중요해집니다. 글을 읽는 독자는 글쓴이에게 질문할 수 없으므로 누가 읽어도 그 뜻을 알 수 있도록 정확하게 써야 합니다.

글쓰기의 정확성을 높이려면 세부적인 문법 지식이 필요합니다. 어느 정도 영어 쓰기 단계가 올라간 시점에는 '글쓰기를 위한 문법(grammar for writing)'을 다룬 문법서로 글쓰기에 필요한 내용을 정리해 보면 도움이 됩니다. 문법서를 고를 때는 문법에 대한 설명보다는 문법 패턴을 연습할 수 있는 예문 중심의 책이 좋습니다.

영어로 쓴 글을 피드백 받을 방법은 없을까?

우리나라에서 영어 쓰기를 연습하기 어려운 이유 중 하나는 자신이 쓴 글에 대한 피드백을 받기가 쉽지 않다는 것입니다. 하나의 대안으로 온라인 영어 교정 프로그램이 있습니다. 글의 구성이나 내용에 관한 피드백은 어렵지만, 문법적인 오류를 확인할 목적이라면 유용합니다.

온라인 영어 교정 프로그램 중에서 가장 널리 사용되는 무료 프로그램은 'Grammarly'(www.grammarly.com)입니다. Grammarly 홈페이지에 자신이 쓴 글을 입력하면 철자나 문법 오류를 자동으로 수정해 주고, 무엇이 잘못된 표현인지 그 이유도 설명해 줍니다. 또한 사용된 어휘가 문맥상 적절하지 않으면 좀 더 자연스러운 단어를 추천해 주기도 하죠.

아래는 Grammarly 홈페이지에 Mother wiped my face a tissue. Then she hugged me really tight.라는 문장을 입력했을 때 문법 오류와 철자 오류, 간결한 표현 등 세 가지 측면에서 피드백을 받은 결과입니다.

Grammarly가 제공한 피드백에 따라 전치사 with를 삽입하고(문법 오류), 단어 huged를 hugged로 수정하고(철자 오류), really를 생략하면 (간결한 표현), Mother wiped my face with a tissue. Then she hugged me tight.로 수정이 됩니다.

3장

·

ReaStening 학습법과 시험 영어는 찰떡궁합

대학생들을 대상으로 과거에 영어를 어떻게 공부했는지 면담해 보면, 대부분 비슷한 패턴을 따릅니다. 초등학교 시기에는 말하기 중심으로 배우고, 중학교에 가서는 문법을 주로 공부하며, 고등학교 시기에는 독해 위주로 공부하고, 대학교에 입학한 후에는 취업에 필요한 영어를 공부하는 식입니다.

초등학교	중학교	고등학교	대학교
말하기	문법	독해	공인 영어 시험

〈시기별 영어 학습 주안점의 변화〉

이와 같은 공부법의 가장 큰 문제는 학습의 연계성이 낮아서 10년 이상을 공부해도 영어 실력이 향상되지 않는다는 겁니다. 영어를 제대로 배우려면 장기적인 관점에서 목표를 세우고, 기초 실력을 탄탄하게 쌓는 것이 중요합니다. 영어의 기초를 탄탄하게 쌓으려면 듣기와 읽기 능력을 우선적으로 키워야 합니다. 듣기가 돼야 말하기를 잘할 수 있고, 읽기가 돼야 쓰기를 잘할 수 있으니까요.

ReaStening 학습법은 영어 학습을 장기적이고 통합적인 관점으로 접근해 처음부터 읽기와 듣기에 중점을 두기 때문에 수능 영어 시험에 필요한 영어 능력을 탄탄하게 키울 수 있습니다. 또한 기초부터 쌓아 올린 읽기와 듣기 실력을 바탕으로 말하기와 쓰기도 통합적으로 배우기 때문에 결과적으로 어떤 시험이든 두려움 없이 도전할 수 있는 영어 실력을 갖추게 됩니다. 요컨대, 시험 영어의 해법은 ReaStening입니다.

수능 영어 시험

수능 영어 시험은 듣기와 읽기 능력을 측정한다

수능 영어 시험에서 측정하는 능력은 듣기와 읽기 능력입니다. 물론 간접 말하기 문항과 간접 쓰기 문항이 있지만, 수능 영어 시험에서 실질적으로 측정하는 능력은 듣기 능력과 읽기 능력이라고 할 수 있습니다. 수험자가 영어로 직접 말하거나 글을 쓰는 것이 아니라 다섯 개의 선택지 중에서 하나의 답을 고르는 5지 선다형으로 출제되기 때문이죠.

듣기 문제는 ReaStening으로 자연스럽게 해결된다

ReaStening 학습법은 영어책을 읽을 때 오디오 음원을 동시에 듣기 때문에 자연스럽게 듣기 능력이 발달합니다. 수능 영어의 듣기 문항은 말의 속도가 일상생활의 대화보다 느려서 챕터북 수준의 오디오 음원을 이해한다면 수능 영어 듣기에 필요한 듣기 능력은 이미 갖췄다고 할 수 있습니다. 물론 중·고등학생 시기에 성인 대화에 필요한 어휘를 보충해 줘야겠지요.

듣기 문항의 내용을 살펴보면 일상 대화를 듣고 그 내용을 이해하는 문항보다, 청자의 추론 능력을 평가하는 문항이 오히려 더 많습니다. 즉 수능 영어 시험의 듣기 평가에서 측정하는 능력은 단순히 일상생활의 대화를 이해하는 수준을 넘어서, 들은 내용을 바탕으로 종합적으로 추론하는 능력을 측정하는 것입니다. 요컨대, 듣기 평가에도 독해 능력이 필요한 것이죠. 이러한 측면에서 볼 때 읽기 중심의 **ReaStening** 학습법은 수능 듣기 문제를 해결하는 데 효과적인 학습법입니다.

읽기 문제는 영어책 읽기로 해결된다

수능 영어 시험의 읽기 문제에서 중점적으로 측정하는 능력은 크게 세 가지입니다. 글의 중심 내용을 파악하는 능력, 추론하는 능력, 그리고 문장과 문장 또는 문단과 문단을 논리적으로 연결하는 담화 구성 능력입니다. 수능 시험을 잘 보려면 이 세 가지 능력에 더해 지문을 빨리 읽는 능력까지 필요합니다. 이러한 네 가지 능력은 영어책 읽기로 영어를 배울 때 가장 효과적으로 키울 수 있습니다.

첫째, 주어진 지문을 읽고 중심 내용을 파악하려면 어휘력과 이해력이 필요합니다. 영어책을 읽으면 어휘력뿐만 아니라 이해력도 자연스럽게 향상되죠. 참고로 초등학교부터 고등학교까지 영어 교육과정에 제시된 어휘 수는 총 3천 개입니다. 그러나 수능 영어 시험의 지문에 사용되는 어휘는 중·고등학교에서 배우는 어휘보다 수준이 훨씬 높습니다. 교육과정에서 배운 어휘만으로는 수능 영어 시험을 해결하기에 부족하다는 뜻입니다.

둘째, 수능 영어 문제에서는 지문에 대한 이해력뿐만 아니라 추론 능력도 함께 측정합니다. 지문에 나온 영어 단어를 모두 안다고 해도 추론 능력이 없으면 문제를 풀기가 어렵죠. 따라서 먼저 전체적인 글의 내용을 파악한 후, 해당 표현이 문맥 속에서 어떤 의미를 전달하기 위해 사용됐는지를 추론하는 능력을 키워야 합니다. 추론 능력은 평소 영어책 읽기를 통해 키울 수 있습니다. 그림책 읽기 단계부터 키워 온 추측 능력은 영어 문제 풀이에 필요한 추론 능력의 바탕이 됩니다.

셋째, 수능 영어 시험에서는 담화 구성 능력도 측정합니다. 글의 흐름에 맞지 않는 문장을 고르거나, 글의 순서에 맞게 문단을 배열하도록 해서 수험자의 담화 구성 능력을 평가하죠. 평소 영어를 단편적인 조각 글로 읽으며 문제 풀이식으로 공부한다면 담화 구성 능력이 부족할 수밖에 없습니다. 담화 구성 능력은 논리적으로 잘 쓰인 글을 읽으면서 키워야 하는데, 이는 잘 쓰인 글을 많이 읽는 것이 지름길입니다. 영어책 원서로 영어를 배우면 좋은 이유입니다.

넷째, 수능 영어 시험은 일종의 스피드 시험이라고 해도 과언이 아닙니다. 문항별로 주어진 영어 지문의 길이가 상당히 긴 반면에, 문제 풀이에 주어진 시간은 매우 짧습니다. 만약 평소에 문장 구조를 분석한 후 한국어로 번역하는 방법을 사용했다면 제한된 시간 내에 해당 지문을 읽고 문제를 풀기는 쉽지 않습니다. 그러나 평소에 영어책으로 배운 학생들은 문장을 분석하거나 문법을 따지지 않고 의미 중심으로 쭉쭉 읽어 나가기 때문에 읽기 속도의 측면에서 훨씬 유리합니다.

다독으로 다양한 분야의 배경 지식을 키운다

수능 영어 시험에 출제되는 읽기 지문은 철학, 심리학, 경제학, 교육학, 과학, 문학 등 다양한 분야의 영어 원서에서 발췌한 내용입니다. 원저의 일부분만을 가져왔기 때문에 해당 내용에 대한 배경 지식이 있다면 그만큼 쉽고 빠르게 글을 이해할 수 있습니다.

가령, 심리학자 장 피아제(Jean Piaget)의 인지 발달에 대한 비문학 지문이 나올 경우, 피아제의 인지 발달 이론을 이미 알고 있다면 영어 실력과는 별개로 해당 지문을 훨씬 쉽게 이해할 수 있습니다. 따라서 한국어 독서를 통해서든, 영어책 독서를 통해서든 배경 지식을 쌓으면 수능 영어 시험에 도움이 됩니다.

수능 영어는 공부 능력을 측정하는 시험이다

수능 시험은 '대학수학능력 시험'이라는 명칭에서 보듯이 대학에 입학해 학문을 갈고닦는 데 필요한 공부 능력을 측정하는 시험입니다. 요컨대, 수능 영어 시험은 일상생활에 필요한 생활 영어 능력보다는 대학에서 영어 원서를 읽으며 지식을 습득할 수 있는 콘텐츠 영어 능력을 측정하는 겁니다. 따라서 콘텐츠 영어 능력은 회화 중심으로 배워서는 한계가 있으며, 영어책 ReaStening이 가장 효과적입니다.

공인 영어 시험

공인 영어 시험이란 평가의 신뢰도를 인정받은 시험으로, 미국에서 개발된 토익(TOEIC)이나 토플(TOEFL), 우리나라에서 개발된 텝스(TEPS) 등이 대표적입니다. 공인 영어 시험에서 측정하는 듣기 평가와 읽기 평가는 난이도의 차이는 있지만 문제 유형이 수능 영어 시험과 유사합니다. 따라서 여기에서는 토익과 토플의 말하기 시험과 쓰기 시험만을 살펴봅니다.

말하기 시험은 '양방향 말하기'가 아니라 '일방향 말하기'다

토익이나 토플 시험의 말하기 평가는 '일방향 말하기'입니다. 즉, 수험자가 영어 면접관과 대화를 나누는 대신, 화면에 주어진 질문을 읽거나 녹음을 듣고 질문에 답하는 방식입니다. 내레이션이나 스토리텔링처럼 일방향의 'ReaStening 영어 말하기' 방법은 공인 영어 시험의 말하기 평가 방법과 유사합니다.

말하기 시험은 통합형이다

토플 시험의 말하기 평가 유형을 살펴보면 크게 두 가지 특징이 있습니다. 첫째, 토플 말하기 평가는 생활 영어가 아니라 콘텐츠 영어 능력을 측정합니다. 둘째, 듣기와 말하기를 통합적으로 평가하거나, 읽기·듣기·말하기의 세 가지 기능을 종합적으로 평가하는 통합형 평가 방식을 사용합니다.

토플 시험의 말하기 평가 문항의 유형을 살펴보면 아래와 같습니다.

문항 유형	문제 내용
말하기	찬반이 있는 이슈에 대해 자신의 견해를 논리적으로 말하기
읽기+듣기+말하기	(대학 생활에 관한 내용) 화면에 주어진 지문을 읽고 이와 관련된 녹음 대화를 들은 후, 읽고 들은 내용을 요약해서 말하기 (강의 내용) 화면에 주어진 지문을 읽고 이와 관련하여 녹음된 강의를 들은 후, 읽고 들은 내용을 말로 설명하기
듣기+말하기	(강의 내용) 녹음된 강의 내용을 듣고, 세부 내용과 예시를 요약해서 말하기

〈토플 말하기 시험의 문제 유형〉

수험자가 지문을 읽고 관련된 내용을 귀로 들은 다음 그 내용을 말로 표현하게 하거나, 또는 오디오 녹음을 듣고 그 내용에 대해 말하도록 요구합니다. 이는 'ReaStening 영어 말하기' 방법과 매우 유사합니다.

쓰기 시험에서도 통합적 능력을 측정한다

토플 시험의 쓰기 문제에서도 말하기와 마찬가지로 통합적 능력을 평가합니다. 다음 페이지의 예시에서 보듯이 자신의 의견을 쓰는 독립형 문제도 있지만, 핵심은 읽기와 듣기를 바탕으로 쓰기 능력을 측정하는 통합형 평가임을 알 수 있습니다.

문항 유형	문제 내용
독립형 쓰기	주제문을 주고 그 내용에 대해 자신의 의견 쓰기
통합형 쓰기 (읽기+듣기+쓰기)	지문을 읽고 이 지문과 관련된 강의를 들은 후, 그 내용을 요약해서 쓰기

〈토플 쓰기 시험의 문제 유형〉

사진이나 그림을 묘사하는 능력이 필요하다

토익 시험에서는 아래의 예시처럼 사진이나 그림을 보여 주고 그 내용을 말이나 글로 묘사하게 합니다. 영어의 표현 능력을 측정하는 방법이죠. ReaStening 말하기 방법으로 평소 내레이션을 연습해 두면 이러한 유형의 영어 시험에도 도움이 됩니다.

토익 말하기 문제	토익 쓰기 문제
화면에 제시된 사진을 보고 자세히 묘사하기	사진을 보고 주어진 1~2개의 단어를 사용해 한 문장으로 쓰기

〈토익 말하기 & 쓰기 문제 유형〉

시험 영어의 해법은 ReaStening이다

시험 영어와 ReaStening 학습법의 공통점

첫째, 영어 시험의 기본은 듣기 능력과 독해 능력입니다. 영어 능력의 바탕이 듣기와 읽기 능력이기 때문입니다. ReaStening 학습법도 읽기와 듣기가 핵심입니다.

둘째, 고난도 듣기 문항은 독해 지문을 녹음으로 들려주는 '독해형 듣기 문제'입니다. ReaStening 학습법은 영어책의 텍스트를 귀로 듣는 방법이므로 평소에 '독해형 듣기'를 준비하는 셈입니다.

셋째, 영어 독해 문제의 공통점은 지문이 길지만 문제 풀이에 주어진 시간이 짧다는 겁니다. 독해 문제의 관건은 읽기 속도입니다. 독해 문제를 해결하려면 기본적으로 지문을 읽는 속도가 빨라야 합니다. 평소 ReaStening 하면서 영어책을 읽었다면 읽기 속도는 자연스럽게 향상됩니다.

넷째, 수능 영어 시험과 공인 영어 시험을 통틀어 문법 용어, 이를테면 주절, 관계절, 수동태, 동명사 등을 반드시 알아야 풀 수 있는 문제는 출제되지 않습니다. 문장이 몇 형식인지를 묻거나 해당 문장이 왜 비문법적인지를 설명해야 하는 문제도 없습니다. 주어진 표현이 적절한지 그렇지 않은지를 판별할 수 있으면 충분합니다. 따라서 영어책 읽기로 시험 영어를 대비하는 데 전혀 문제가 없습니다.

다섯째, 말하기 시험과 쓰기 시험의 특징은 문제 유형이 통합형이라는 점입니다. 듣기와 말하기를 통합하거나 읽기와 말하기를 통합한 문제입니다. ReaStening 영어 학습법은 영어책을 바탕으로 영어의 네 가지 기능을 모두 통합적으로 배우기 때문에, 통합형 시험 영어도 자연스럽게 대비하는 효과가 있습니다.

시험 영어는 어떻게 준비해야 할까?

영어를 공부할 때 처음부터 시험 영어를 생각하고 공부하는 것은 바람직하지도 않고, 영어 실력도 향상되기 어렵습니다. 영어라는 시스템을 배워야 하는데 단편적인 조각 글로 문제 풀이만 반복한다면 많은 시간을 투자해도 영어 실력은 쉽게 향상되지 않습니다. 영어 공부는 시험과는 무관하게 영어 기초를 먼저 탄탄하게 쌓는 것이 중요합니다.

물론 시험에서 좋은 점수를 받으려면 해당 시험을 위한 준비가 필요합니다. 영어 실력이 아무리 탄탄해도 시험 유형을 모르면 단번에 좋은 성적을 거두기는 어렵습니다. 시험 유형을 익히는 가장 좋은 방법은 해당 시험의 기출문제를 풀어보는 것입니다. 수능 영어 시험의 유형은 고등학교에 진학한 후 살펴보고, 공인 영어 시험은 점수가 필요한 시기에 기출문제를 참고해서 준비하면 됩니다.

66

ReaStening 영어 학습법은
영어의 네 가지 기능을
통합적으로 배우기 때문에,
통합형 시험 영어도 자연스럽게
대비할 수 있습니다.

99

+ 에필로그 +

초등 영어와 수능 영어 사이에서

학부모를 대상으로 집필한 교양서를 읽어 보면 주변에 휘둘리지 말고 확고한 신념과 철학을 가지고 자녀교육을 하라고 조언합니다. 그러나 영어 교육을 전공하지도 않았고 자녀교육을 처음 해 보는 초보 부모들은 자신감이 없고 불안할 수밖에 없습니다. 더욱이 자녀교육은 한번 지나가면 되돌릴 수 없기에 어떤 시행착오도 허용할 수 없다는 절박함이 불안감을 증폭시킵니다.

'영어책 ReaStening 학습법'은 시행착오를 걱정하지 않아도 됩니다. 이는 즐겁고 효율적으로 영어를 배우는 방법일 뿐만 아니라, 영어책을 읽는 것 자체만으로도 교육적 가치가 높기 때문입니다. 영어책을 읽는 것은 또 다른 세계에 대한 경험이며, 이 과정에서 드넓은 세상을 보는 통찰력, 공감 능력, 유연한 사고력, 호기심, 창의성 등을 동시에 키울 수 있습니다.

ReaStening 학습법이 우리나라 환경에서 영어를 배우기에 가장 효과적인 방법임을 알아도 중·고등학교 시기의 영어 교육을 걱정해 선뜻 시작하지 못하는 학부모도 있습니다. 초등학생 시기에 영어책으로 영어를 배운 아이들이 영어는 잘하지만, 문법에는 약해서 중학교 내신 시험을 볼 때 어려움을 겪으리라는 우려가 있는 것이죠.

결론부터 말하면, 아이가 영어 챕터북을 읽는 수준까지 도달했다면 중학교 내신 시험은 문제가 되지 않습니다. 왜냐하면 영어책으로 영어를 배운 아이들은 문법 중심으로 영어를 배운 아이들보다 영어의 구조, 즉 문법을 더 잘 알기 때문입니다. 다만 원어민들이 그러하듯이, 머릿속에 있는 문법 지식을 말로 설명하는 데 필요한 명시적 문법 지식이 없을 뿐입니다.

'수동태'나 '관계절' 같은 문법 용어 지식은 영어 실력과 무관합니다. 그러나 현실적으로 중·고등학교 내신 시험을 대비하기 위해서는 문법 용어도 배워야 합니다. 이런 경우에는 중학교에 진학할 즈음에 간단한 문법서를 활용해 핵심적인 몇 가지 문법 용어를 익히는 정도로 충분히 해결됩니다.

이 시기에 학부모로서 꼭 기억해야 할 것이 있습니다. 문법 용어나 문장의 형식과 같은 명시적 문법 지식은 중·고등학교 내신 시험 외에는 필요하지 않습니다. 따라서 영어 실력과는 무관한 문법 지식을 자세히 배우려고 소중한 시간을 너무 낭비하지 말아야 합니다.

여담으로 자녀 영어 교육에 관한 제 경험을 공유해 봅니다. 저는 아이들에게 ReaStening 학습법으로 영어 교육을 안내하면서 아이들의 영어 실력은 물론이고, 아이들과 유대관계가 더욱 끈끈해졌습니다. 이전까지는 학교에서 어떤 일이 있었는지 물으면 단답형으로 대답하는 보통의 남자아이들이었는데, 영어책 ReaStening을 함께 시작하면서부터 대화의 싹이 트기 시작했습니다. 책을 읽는 중간중간에 오디오를 멈추고 이야기하다 보면 평소에는 몰랐던 아이들의 생각이나 관심사, 고민도 많이 알게 되었습니다.

이때 형성된 대화 채널은 사춘기 때도 서로를 이해하는 중요한 소통의 역할을 했습니다. 아이들이 성인이 된 지금도 그 시절의 이야기를 추억처럼 나누기도 합니다. 아이들이 성장한 후에 되돌아보면 함께한 그때가 힘들기도 했지만, 동시에 가장 의미 있고 보람된 시간이었습니다. 자녀와 함께 여행한다는 마음으로 영어 교육의 여정을 즐겁게 시작해 보시길 바랍니다.

"

'ReaStening 영어책 학습법'은
시행착오를 걱정할 필요가 없습니다.
영어책을 읽는 것 자체만으로도
교육적 가치가 높기 때문입니다.

"

| 참고 자료 |

1) Nation, P. (2013). *Learning vocabulary in another language*. Cambridge: Cambridge University Press.

2) Baker, C. (2011). *Foundations of bilingual education and bilingualism*. Multilingual Matters.

3) Usage Statistics of Content Languages for Websites. w3techs.com. 2020년 11월 검색.

4) Cummins, J., & Swain, M. (1986). Linguistic interdependence: A central principle of bilingual education. *Bilingualism in Education*, 80-95.

5) Smith, F. (1988). *Understanding reading*. New York: Hort, Rinehart, and Winton.

6) Lee, J. & Schallert, D. (1997). The relative contribution of L2 language proficiency and L1 reading ability to L2 reading performance: A test of the threshold hypothesis in an EFL context. *TESOL Quarterly*, 31, 713-739.

7) 그림 출처: Brown, H. D. (2007). *Principles of language learning and teaching*. New York: Longman.

8) Trelease, J. (2013). *The read-aloud handbook*. Penguin.

9) Bower, G. H., & Clark, M. C. (1969). Narrative stories as mediators for serial learning. *Psychonomic Science*, 14(4), 181-182.

10) Smith, F. (1994). *Understanding reading: A psycholinguistic analysis of reading and learning to read*. Hillsdale. NJ: Lawrence Erlbaum Associates.

11) 그림 출처: Brown, H. D. (2001). *Strategies for success: A practical guide to learning English*. Pearson Education ESL.

12) Warren, R. M. & Warren, R. P. (1970). Auditory illusions and confusions. *Scientific American*, 223, 30-36. 원래 연구자들이 사용한 문장은 'It was found that the *eel was on the shoe.'이었으나, 문장을 쉽게 전달하려고 앞부분의 'It was found that'은 생략했음.

13) Ullman, M. T. (2004). Contributions of memory circuits to language: The declarative/procedural model. *Cognition, 92*, 231-270.

14) Heikkilä, J., & Tiippana, K. (2016). School-aged children can benefit from audiovisual semantic congruency during memory encoding. *Experimental Brain Research, 234*, 1199-1207.

15) 노경희, 정태구. (2019). 발견학습을 위한 인지언어학 기반 영어 어휘지도. 초등 영어교육, 25(4), 29~54.

16) 최종인, 홍선호. (2020). 아동문학 코퍼스 기반 2015 영어과 교육과정 및 초등영 어 교과서 어휘 분석. 초등영어교육, 26(1), 153-174.

17) Landy, J. (2012). *How to do things with fictions.* Oxford University Press.

18) Williams, Joseph M. (1986). *Origins of the English language.* Simon & Schuster.

부록: 단계별 영어책 추천 200선

1. 그림책: 패턴북 40선

- **Z Is for Moose** / 글 Kelly Bingham / 그림 Paul O. Zelinsky
- **I See a Cat** / 글·그림 Paul Meisel
- **Mice Squeak, We Speak** / 글 Arnold Shapiro / 그림 Tomie dePaola
- **Outdoor Opposites** / 글 Brenda Williams / 그림 Rachel OldfieldSeuss
- **Q Is for Duck: An Alphabet Guessing Game** / 글 Mary Elting & Michael Folsom / 그림 June K. Kent

- **Tomorrow's Alphabet** / 글 George Shannon / 그림 Donald Crews
- **Whose Baby Am I?** / 글·그림 John Butler
- **Monkey and ME** / 글·그림 Emily Gravett
- **Have You Seen My Cat?** / 글·그림 Eric Carle
- **The Family Book** / 글·그림 Todd Parr

- **I'm the Biggest Thing in the Ocean** / 글·그림 Kevin Sherry
- **If You See a Kitten** / 글·그림 John Butler.
- **My Friends** / 글·그림 Taro Gomi
- **Quick as a Cricket** / 글 Audrey Wood / 그림 Don Wood
- **I Spy Shapes in Art** / 글·그림 Lucy Micklethwait

 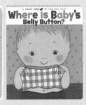

- **Where's Spot?** / 글·그림 Eric Hill
- **Spot Goes to the Farm** / 글·그림 Eric Hill
- **Where is Baby's Belly Button?** / 글·그림 Karen Katz
- **The Wheels on the Bus Go Round and Round** / 그림 Annie Kubler
- **What's the Time, Mr. Wolf?** / 글·그림 Annie Kubler

- **From Head to Toe** / 글·그림 Eric Carle
- **Not A Box** / 글·그림 Antoinette Portis
- **How Do Dinosaurs Say Good Night?** / 글 Jane Yolen / 그림 Mark Teague
- **That Is NOT a Good Idea!** / 글·그림 Mo Willems
- **Time for Bed** / 글 Mem Fox / 그림 Jane Dyer

  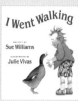

- **The Very Busy Spider** / 글·그림 Eric Carle
- **Dear Zoo** / 글·그림 Rod Campbell
- **It Looked Like Spilt Milk** / 글·그림 Charles G. Shaw
- **I Went Walking** / 글 Sue Williams / 그림 Julie Vivas
- **Who Stole the Cookies from the Cookie Jar?** / 글 Public Domain / 그림 Jane Manning

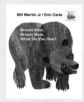   

- **Brown Bear, Brown Bear, What Do You See?** / 글 Bill Martin, Jr. / 그림 Eric Carle
- **Polar Bear, Polar Bear, What Do You Hear?** / 글 Bill Martin, Jr. / 그림 Eric Carle
- **Do You Want to Be My Friend?** / 글·그림 Eric Carle
- **Silly Sally** / 글·그림 Audrey Wood
- **Five Little Monkeys Jumping on the Bed** / 글·그림 Eileen Christelow

- **Five Little Monkey Sitting in a Tree** / 글·그림 Eileen Christelow
- **Ten in the Bed** / 글·그림 Penny Dale
- **We're Going on a Bear Hunt** / 글 Michael Rosen / 그림 Helen Oxenbury
- **The Very Hungry Caterpillar** / 글·그림 Eric Carle
- **There Was an Old Lady Who Swallowed a Fly!** / 글 Lucille Colandro / 그림 Jared D. Lee

2. 그림책 베스트 40선

- **Goodnight Moon** / 글 Margaret Wise Brown / 그림 Clement Hurd
- **David Goes to School** / 글·그림 David Shannon
- **Sheep in a Jeep** / 글 Nancy E. Shaw / 그림 Margot Apple
- **Each Peach Pear Plum** / 글 Allan Ahlberg / 그림 Janet Ahlberg
- **The Runaway Bunny** / 글 Margaret Wise Brown / 그림 Clement Hurd

- **Fox in Socks** / 글·그림 Dr. Seuss
- **Bark, George** / 글·그림 Jules Feiffer
- **The Cat in the Hat** / 글·그림 Dr. Seuss
- **The Pigeon HAS to Go to School!** / 글·그림 Mo Willems
- **Ten Black Dots** / 글·그림 Donald Crews

- **Green Eggs and Ham** / 글·그림 Dr. Seuss
- **One Fish, Two Fish, Red Fish, Blue Fish** / 글·그림 Dr. Seuss
- **Oh, the Thinks You Can Think!** / 글·그림 Dr. Seuss
- **Pete the Cat: I Love My White Shoes** / 글 Eric Litwin / 그림 James Dean
- **I Love You to The Moon and Back** / 글 Amelia Hepworth / 그림 Tim Warnes

  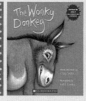 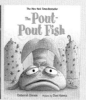

- **Belly Button Book** / 글·그림 Sandra Boynton
- **Chicka Chicka Boom Boom** / 글 Bill Martin Jr. & John Archambault / 그림 Lois Ehlert
- **The Wonky Donkey** / 글 Craig Smith / 그림 Katz Cowley
- **If Animals Kissed Good Night** / 글 Ann Whitford Paul / 그림 David Walker
- **The Pout-Pout Fish** / 글 Deborah Diesen / 그림 Dan Hanna

- **God Gave Us You** / 글 Lisa Tawn Bergren & Laura J. Bryant / 그림 Laura J. Bryant
- **If You Give a Mouse a Cookie** / 글 Laura Joffe Numeroff / 그림 Felicia Bond
- **If You Give a Moose a Muffin** / 글 Laura Joffe Numeroff / 그림 Felicia Bond
- **Is Your Mama a Llama?** / 글 Deborah Guarino / 그림 Steven Kellogg
- **Are You My Mother?** / 글·그림 P.D. Eastman

- **Big Red Barn** / 글 Margaret Wise Brown / 그림 Felicia Bond
- **The Little Red Hen** / 글·그림 Paul Galdon
- **Where the Wild Things Are** / 글·그림 Maurice Sendak
- **Giraffes Can't Dance** / 글 Giles Andreae / 그림 Guy Parker-Rees
- **The Giving Tree** / 글·그림 Shel Silverstein

- **Corduroy** / 글·그림 Don Freeman
- **Tikki Tikki Tembo** / 글 Arlene Mosel / 그림 Blair Lent
- **The True Story of the 3 Little Pigs** / 글 Jon Scieszka / 그림 Lane Smith
- **The Three Billy Goats Gruff** / 글·그림 Paul Galdone
- **The Napping House** / 글 Audrey Wood / 그림 Don Wood

- **The Rainbow Fish** / 글·그림 Marcus Pfister
- **Oh, the Places You'll Go!** / 글·그림 Dr. Seuss
- **Love You Forever** / 글 Robert Munsch / 그림 Sheila McGraw
- **Room on the Broom** / 글 Julia Donaldson / 그림 Axel Scheffler
- **The Gruffalo** / 글 Julia Donaldson / 그림 Axel Scheffler

3. 가이젤상 수상작 40선 (리더스북)

- **Supertruck** / 글·그림 Stephen Savage
- **A Splendid Friend, Indeed** / 글·그림 Suzanne Bloom
- **There Is a Bird on Your Head** / 글·그림 Mo Willems
- **Are You Ready to Play Outside?** / 글·그림 Mo Willems
- **Little Mouse Gets Ready** / 글·그림 Jeff Smith

- **A Pig, a Fox, and a Box** / 글·그림 Jonathan Fenske
- **We Are in a Book!** / 글·그림 Mo Willems
- **I Broke My Trunk!** / 글·그림 Mo Willems
- **Let's Go for a Drive!** / 글·그림 Mo Willems
- **Waiting Is Not Easy!** / 글·그림 Mo Willems

- **The Watermelon Seed** / 글·그림 Greg Pizzoli
- **Good Night Owl** / 글·그림 Greg Pizzoli
- **We Are Growing!** / 글·그림 Mo Willems & Laurie Keller
- **Fox the Tiger** / 글·그림 Corey R. Tabor
- **Hi! Fly Guy** / 글·그림 Tedd Arnold

- **Jazz Baby** / 글 Lisa Wheeler / 그림 R. Gregory Christie
- **Chicken Said, 'Cluck!'** / 글 Judyann Ackerman Grant / 그림 Sue Truesdell
- **I Spy Fly Guy!** / 글·그림 Tedd Arnold
- **Waiting** / 글·그림 Kevin Henkes
- **Don't Throw It to Mo!** / 글 David A. Adler / 그림 Sam Ricks

- **Fox + Chick: The Party and Other Stories** / 글·그림 Sergio Ruzzier
- **Stop! Bot!** / 글·그림 James Yang
- **The Book Hog** / 글·그림 Greg Pizzoli
- **I Want My Hat Back** / 글·그림 Jon Klassen
- **Pete the Cat and His Four Groovy Buttons** / 글 Eric Litwin / 그림 James Dean

- **Charlie & Mouse** / 글 Laurel Snyder / 그림 Emily Hughes
- **My Kite Is Stuck! And Other Stories** / 글 Salina Yoon / 그림 Marie Kond
- **Bink and Gollie** / 글 Kate DiCamillo, Alison McGhee / 그림 Tony Fucile
- **Chick and Brain: Smell My Foot!** / 글·그림 Cece Bell
- **Henry and Mudge and the Great Grandpas** / 글 Cynthia Rylant / 그림 Suçie Stevenson

- **Zelda and Ivy: The Runaways** / 글·그림 Laura McGee Kvasnosky
- **Cowgirl Kate and Cocoa** / 글 Erica Silverman / 그림 Betsy Lewin
- **Amanda Pig and the Really Hot Day** / 글 Jean Van Leeuwen / 그림 Ann Schweninger
- **Pearl and Wagner: One Funny Day** / 글 Kate McMullan / 그림 R.W. Alley
- **Mouse and Mole: Fine Feathered Friends** / 글·그림 Wong Herbert Yee

- **Tales for Very Picky Eaters** / 글·그림 Josh Schneider
- **Rabbit & Robot: The Sleepover** / 글·그림 Cece Bell
- **Penny and Her Marble** / 글·그림 Kevin Henkes
- **Mr. Putter & Tabby Turn the Page** / 글 Cynthia Rylant / 그림 Arthur Howard
- **King & Kayla and the Case of the Missing Dog Treats** / 글 Dori Hillestad Butler / 그림 Nancy Meyers

4. 챕터북 40선

Nate the Great 시리즈 (28권) / Marjorie Weinman Sharmat

- **Nate the Great**
- **Nate the Great Goes Undercover**
- **Nate the Great and the Boring Beach Bag**
- **Nate the Great and the Stolen Base**

Mercy Watson 시리즈 (6권) / Kate DiCamillo

- **Mercy Watson to the Rescue**
- **Mercy Watson Goes for a Ride**
- **Mercy Watson: Something Wonky this Way Comes**
- **Mercy Watson Fights Crime**

Marvin Redpost 시리즈 (8권) / Louis Sachar

- **Marvin Redpost: Kidnapped at Birth?**
- **Marvin Redpost: Why Pick on Me?**
- **Marvin Redpost: Is He a Girl?**
- **Marvin Redpost: Alone in His Teacher's House**

Judy Moody 시리즈 (15권) / Megan McDonald

- **Judy Moody Was in a Mood**
- **Judy Moody Was in a Mood Gets Famous!**
- **Judy Moody Was in a Mood Saves the World!**
- **Judy Moody Was in a Mood Predicts the Future**

Ricky Ricotta's Mighty Robot 시리즈 (9권) / Dav Pilkey

- **Ricky Ricotta's Mighty Robot**
- **Ricky Ricotta's Mighty Robot vs. The Mutant Mosquitoes from Mercury**
- **Ricky Ricotta's Mighty Robot vs. The Voodoo Vultures from Venus**
- **Ricky Ricotta's Mighty Robot vs. The Mecha-Monkeys from Mars**

Stink 시리즈 (12권) / Megan McDonald

- **Stink: The Incredible Shrinking Kid**
- **Stink and the Incredible Super-Galactic Jawbreaker**
- **Stink and the World's Worst Super-Stinky Sneakers**
- **Stink and the Shark Sleepover**

Junie B. Jones 시리즈 (28권) / Barbara Park

- **Junie B. Jones and the Stupid Smelly Bus**
- **Junie B., First Grader: Jingle Bells, Batman Smells!**
- **Junie B. Jones and Her Big Fat Mouth**
- **Junie B., First Grader (at Last!)**

Cam Jansen 시리즈 (34권) / David A. Adler

- **Cam Jansen: The Mystery of the Stolen Diamonds**
- **Cam Jansen: The Mystery of the U.F.O**
- **Cam Jansen: The Mystery of the Dinosaur Bones**
- **Cam Jansen: The Mystery of the Television Dog**

Magic Tree House시리즈 (35권) / Mary Pope Osborne

- **Dinosaurs Before Dark**
- **The Knight at Dawn**
- **Mummies in the Morning**
- **Pirates Past Noon**

A to Z Mysteries시리즈 (26권) / Ron Roy

- **A to Z Mysteries: The Absent Author**
- **A to Z Mysteries: The Bald Bandit**
- **A to Z Mysteries: The Canary Caper**
- **A to Z Mysteries: The Empty Envelope**

5. 소설책 베스트 40선

- **The Magic Finger** / Roald Dahl
- **Freckle Juice** / Judy Blume
- **Superfudge** / Judy Blume
- **There's a Boy in the Girls Bathroom** / Louis Sachar
- **Sideways Stories from Wayside School** / Louis Sachar

- **Tales of a Fourth Grade Nothing** / Judy Blume
- **How To Eat Fried Worms** / Thomas Rockwell
- **Are You There God? It's Me, Margaret** / Judy Blume
- **The One and Only Ivan** / Katherine Applegate
- **Because of Winn-Dixie** / Kate DiCamillo

- **George's Marvelous Medicine** / Roald Dahl
- **The Lemonade War** / Jacqueline Davies
- **Wishtree** / Katherine Applegate
- **Stargirl** / Jerry Spinelli
- **Shiloh** / Phyllis Reynolds Naylor

- **Charlotte's Web** / E. B White
- **Charlie and the Great Glass Elevator** / Roald Dahl
- **The Chocolate Touch** / Patrick Skene Catling
- **The Indian in the Cupboard** / Lynne Reid Banks
- **The Girl Who Drank the Moon** / Kelly Barnhill

- **Charlie and the Chocolate Factory** / Roald Dahl
- **Rules** / Cynthia Lord
- **From the Mixed-Up Files of Mrs. Basil E. Frankweiler** / E.L. Konigsburg
- **The BFG** / Roald Dahl
- **Number the Stars** / Lois Lowry

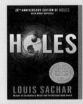

- **Holes** / Louis Sachar
- **The Cricket in Times Square** / George Selden
- **Where the Red Fern Grows** / Wilson Rawls
- **Bridge to Terabithia** / Katherine Paterson
- **Matilda** / Roald Dahl

- **Wish** / Barbara O'Connor
- **Old Yeller** / Fred Gipson
- **The Best Christmas Pageant Ever** / Barbara Robinson
- **The Mouse and the Motorcycle** / Beverly Cleary
- **Pax** / Sara Pennypacker

- **Frindle** / Andrew Clements
- **The Hundred Dresses** / Eleanor Estes
- **Island of the Blue Dolphins** / Scott O'Dell
- **Freak the Mighty** / Rodman Philbrick
- **Harry Potter and the Sorcerer's Stone** / J. K. Rowling

초등영어에서 수능영어까지, ReaStening에 답이 있다
영어책 읽듣기의 기적

초판 1쇄 발행 2021년 4월 1일
초판 6쇄 발행 2023년 4월 15일

지은이   노경희
발행인   주민홍
총괄   김진홍
책임편집   이보영
디자인   민유화, 김연주
펴낸곳   ㈜NE능률
주소   서울특별시 마포구 월드컵북로 396(상암동)
              누리꿈스퀘어 비즈니스타워 10층
전화   (02) 2014-7114
팩스   (02) 3142-0356
출판등록   1980년 7월 26일 제1980-000018호
ISBN   979-11-253-3601-3